CW01621515

Voi

pour te souhaiter un très
joyeux anniversaire.

Avec ma fidèle amitié,

Edgar.

L'OISEAU BLEU

Collection dirigée par
Jacques Dubois et Hubert Nyssen

Aux hommes qui construisaient la tour de Babel afin de se rapprocher du ciel, Dieu, mécontent, infligea la diversité des langues. Il donnait du même coup naissance à des littératures multiples et, en quelque manière, préparait la litière des traducteurs. Les éditeurs s'en sont souvenus au moment de dénommer une collection qui rassemble des ouvrages du monde entier. Les textes ainsi repris dans ces livres de poche ont pour particularité de se voir accompagnés toujours d'une préface d'écrivain et d'un dossier établi par un spécialiste qui s'attache à situer l'œuvre dans le contexte qui l'éclaire.

Illustration de couverture :
Denis Schmit

Conception graphique :
Denis Schmit

Crédits photographiques :
A. M. L. Bruxelles

Reproductions :
Nicole Hellyn

Publié avec l'aide
de la Communauté française de Belgique

© Editions Labor, Bruxelles, 1989
ISBN 2-8040-0426-0 (Labor)
ISBN 2-86869-359-8 (Actes Sud)

MAURICE MAETERLINCK

L'OISEAU BLEU

théâtre

Préface de Marc Quaghebeur
Lecture de Michel Otten

ACTES SUD / LABOR

PRÉFACE

DU MONDE MODERNE, LE SONGE LE PLUS PUR

Quel est ce texte dont il sied toujours de sourire si l'on veut paraître intelligent ? Quelle est cette pièce que Moscou ne cessa jamais de représenter depuis sa création, quels qu'aient été les bouleversements politiques qui l'agitèrent ? Quelle est cette œuvre qui attira nombre de cinéastes aux esthétiques pour le moins contradictoires ? Il faudrait un jour s'atteler à tenter de la comprendre.

Lorsqu'il compose cette "féerie", dont l'essor théâtral coïncidera avec l'attribution du prix Nobel, Maeterlinck est à mi-route du chemin qui le mène du château familial d'Oostakker au palais d'Orlamonde. Cette dérive, qui l'écarte toujours plus de l'espace natal et l'emmène vers des domaines fabuleux dont les demeures, irréelles mais bien réelles, finiront par se substituer aux forteresses menacées de son premier théâtre, s'est arrêtée à l'époque aux ruines de l'ancienne abbaye normande de Saint-Wandrille, en bord de Seine.

Georgette Leblanc, sa compagne, profite de ce splendide décor naturel pour monter Shakespeare en plein air. Dans ce site aéré, celui que fascine le Roi Lear *et qui s'est jadis occupé de traduire les élisabethains opère différemment. Il recourt certes, à nouveau, au rapport, en fait incestueux, des amants de ses grandes pièces symbolistes, à la dérive de leur monde aux côtés de l'univers égaré des puissants, et à l'animation quasiment surnaturelle de l'univers non humain. Il en avait donné à voir la face hantée dans* La Princesse Maleine. *Ici, il retrouve au contraire ces signes, tragiques et symboliques, pour les restituer au contexte d'où proviennent et nos rêves et nos structures. Plus question d'amants mais d'enfants ; de puissants mais de parents ; de comètes vénéneuses, mais bien d'arbres et d'animaux ! Ceux-ci sont cependant presque humanisés.*

Au cœur de cette féerie, le songe prend ainsi, plus que jamais, son essor alors que le propos se fixe autour des origines concrètes de la vie et que le texte véhicule, si l'on veut bien le lire d'un peu près, tous les rêves progressistes du XIX*e siècle. Sans violence certes. Mais avec cet optimisme paisible que la Première Guerre mondiale devait réduire à l'état de fantasmes, presque puérils.*

L'essentiel des dialogues qui se déroulent dans le palais de la reine de la Nuit – qu'on les compare à ceux qui tissent l'opéra de Mozart –, voire dans la scène sylvestre, évoque cette mutation considérable d'un monde qu'une morale nouvelle faite de calme courage et de confiance dans l'élucidation progressive des mystères du monde eût dû engendrer.

On n'a peut-être pas été suffisamment attentif à l'impuissance fondamentale de la Nuit – et de son alliée, la séduction faite chatte – face à la parole et à la volonté du jeune garçon soucieux de savoir et de vérité, ni à la complaisance relative de son amabilité à l'égard de Tyltyl. Comme si celle qui détenait, et retenait, les secrets et les terreurs du Destin savait qu'il lui faudrait un jour abdiquer cette ancienne façon, presque religieuse, de préserver les hommes d'eux-mêmes et du monde pour laisser place à la ferme douceur de l'élucidation. Or, pour qui accepte de lire les symboles, comment ne pas voir dans cette pièce l'apogée, au sein du parcours théâtral de Maeterlinck, de cette quête de la lumière qui le caractérise dès le départ ?

Le grand théâtre symboliste, dont Pelléas *et* Les Sept Princesses *sont l'emblème, donnait aussi à voir et à entendre cette contradiction tensionnelle par laquelle l'œuvre de Maeterlinck se différencie, à la fin du* XIX*e siècle, aussi bien de celle de Rodenbach que de celles de ces épigones italiens ou français, les crépuscularistes et les symbolistes. L'emprise du passé, symbolisé par la faiblesse des vieux rois, finissait toutefois par l'emporter sur la quête des amants incestueux. Remémorons-nous notamment les rencontres de Pelléas et Mélisande : elles ont lieu hors du sombre château où s'accumulent et s'accomplissent toutes les terreurs et toutes les horreurs, dans la lumière absolue, qu'elle soit solaire ou lunaire. C'est, par contre, à l'intérieur de ses portes que se révèle la seule allée qui conduise alors à la lumière : la mort.*

Dans L'Oiseau bleu, *la quête des enfants se déroule au cœur du monde, mais sans exclure les sombres sites archaïques de l'ancienne vision du monde. Tyltyl et Mytyl n'appartiennent d'ailleurs plus à la haute société des grandes pièces symbolistes mais à l'univers des pauvres que ces pièces inscrivaient en alvéole, presque voyeuriste, parmi le lent cortège de l'inéluctable. Ne sont-ce pas les servantes ou les enfants de pauvres qui, dans* Pelléas, *pressentent, annoncent, décrivent et commentent le drame fatal ? Ici, par contre, ce sont ces mêmes enfants, actifs et lumineux cette fois, qui ouvrent les portes du drame ancien. Ils le font afin de le connaître, mais pour les refermer à jamais.*

Proche du parti ouvrier belge dont il partageait le souci d'intégration sociale des classes laborieuses et le rêve culturel teinté de scientisme et d'esthétisme, Maeterlinck atteint dans L'Oiseau bleu *à l'équilibre de ses propres contradictions. En même temps, il formalise le rêve de progrès et de beauté, d'harmonie et d'intelligence libérée de tout dogme qui caractérise une époque soucieuse de sortir des miasmes de la dissolution décadentiste. D'Annunzio avec le nationalisme ou Claudel avec le catholicisme mettent en œuvre, à cette époque, une opération qui a les mêmes fondements mais qui n'aboutit pas à des résultats équivalents.*

Léon Blum aperçut très vite le sens de cette mutation. Il écrivait dans Comœdia *: "C'est une féerie philosophique qu'a écrite, avec* L'Oiseau bleu, *M. Maurice Maeterlinck. Dans leur voyage, à la recherche de l'oiseau magique, les deux enfants, Tyltyl et Mytyl, ne courent pas l'aventure ordinaire des contes. Ils n'affrontent pas l'ogre, le dragon, la méchanceté des fées ou la malice des objets enchantés. Leur voyage est une aventure morale, un apprentissage vers la sagesse. Ils se promènent à travers des entités et des allégories. Leur odyssée puérile suit comme une carte du Tendre métaphysique. Et ce qu'on peut appeler le système de M. Maurice Maeterlinck, sa conception propre de l'univers et de la vie ne s'est peut-être jamais exprimée si fermement que par cette fantaisie tendre et familière où pourront se ravir des yeux d'enfant."*

Etrangement, aujourd'hui encore, et sur tous les continents, ces yeux continuent de s'y fondre et de s'y découvrir. Ce texte n'assemble-t-il pas sans en avoir l'air le rêve moderne le plus avancé qui soit et la connaissance des mythes archaïques qu'il entend dépasser ? Ne rassemble-t-il pas par ailleurs tous les ingrédients de la problématique maeterlinckienne en les épurant sans les réduire ? En les faisant porter – qui plus est – par ces enfants qui sont comme la contrepartie essentielle du songe moderne et le relais majeur avec les mythes anciens de fondation ?

Les éléments qui sont propres à Maeterlinck et qui renvoient parfois à ses origines belges pourraient faire l'objet d'un commentaire particulier. Tyltyl, le courageux découvreur, est peut-être la version 1900 du héros fondateur des lettres belges, Thyl, le libertaire, celui que les Français appellent volontiers l'espiègle... Quant au réalisme magique, qui définira pour une bonne part la spécificité de cette littérature, il pourrait bien avoir trouvé dans ce texte sa préfiguration et son antithèse. Mais, de même que, jadis, la langue de Maeterlinck avait amené la phrase française à une transparence qui frisait l'évanescence, de même ici, dans cette féerie où la parole opère alors qu'elle bredouillait, marmonnait ou s'échappait dans les grandes pièces du cycle symboliste, l'image s'éclaircit, s'allège et s'élucide au point que chaque peuple soit en mesure d'y projeter ses propres rêves sans avoir à se souvenir des rêves originaires de son auteur.

J'ai dit plus haut que Maeterlinck, à l'heure où il compose cet étrange chef-d'œuvre, était arrivé "nel mezzo del cammin". *Au milieu du périple qui le mène de la brumeuse mer du Nord à la lumineuse Méditerranée. Au milieu aussi du parcours qui, du pessimisme angoissé et impotent des* Serres chaudes, *devait l'amener, après le drame de la Première Guerre mondiale, à des rêves d'organisation sociale plus stricts et à une interrogation presque gnostique.*

On n'a pas fini d'interroger les conséquences et les origines de ce conflit qui mit un terme au rêve belge, mina l'édifice européen et hypothéqua lourdement l'évolution de la question sociale. On peut par contre ici, et à loisir, interroger ce qui fut le rêve sans doute le plus pur d'une époque. De ce rêve, il n'est pas assuré que nous soyons vraiment sortis.

MARC QUAGHEBEUR

PERSONNAGES

dans l'ordre de leur entrée en scène lors de la création à Paris sur la scène du Théâtre Réjane le 2 mars 1911

La Mère Tyl : Mlle Métriven
Tyltyl : M. Delphin
Mytyl : Mlle Odette Carlia
La Fée : Mme Gina Barbieri
Le Pain : M. R. L. Fugère
Le Feu : M. Aurèle Sydney
L'Eau : Mlle Isis
Le Lait : Mlle Diris
Le Sucre : M. Bosman
Le Chien : M. Séverin-Mars
La Chatte : M. Synphen
La Lumière : Mme Georgette Leblanc
Les Heures : Mlles Nini Mano, Henriette Maillefer, Fernande Faveret, Blanche Faveret, Suzanne Bailly, Raymonde Faveret, Laurence Petit, Jeanne Faveret, Berthe Libovitz, Antoinette Raymond, Debossey, Georges
Le Père Tyl : M. Felix Barrès
Grand-mère Tyl : Mme Daynes Grassou
Grand-père Tyl : M. Maillard
Pierrot : Mlle Suterre
Robert : Mlle Maria Fromet
Jeannette : Mlle Jeanne Evrard
Madeleine : Mlle Giavelli
Pierrette : Mlle Henriette Gallet
Pauline : Mlle Henriette Maillefer
Riquette : Mlle Nini Mano
La Nuit : Mlle Clarel

Le Sommeil : Mlle Louise Starck
La Mort : Mlle Rachel Horelick
Le Rhume de cerveau : Mlle Renée Dahon
1er Enfant bleu : Mlle Maria Fromet
2e Enfant bleu : Mlle Laura Walter
3e Enfant bleu : Mlle Maria Dumont
4e Enfant bleu : Mlle Fernande Faveret
5e Enfant bleu : Mlle Maud Loti
6e Enfant bleu : Mlle Suterre
7e Enfant bleu : Mlle Suzanne Bailly
8e Enfant bleu : Mlle Giavelli
9e Enfant bleu : Mlle Madeleine Fromet
Le Roi des neuf planètes : Mlle Batistina Rousseau
10e Enfant bleu :
11e Enfant bleu : Mlle Renée Pré
12e Enfant bleu : Mlle Henriette Maillefer
13e Enfant bleu : Mlle Béatrice Raymond
14e Enfant bleu : Mlle Jeanne Corrège
L'Amoureuse : Mlle Lucy Fleury
L'amoureux : Mlle Blanche Borelli
Le Temps : M. Garry
Le Petit Frère à naître : Mlle Maria Fromet

Les autres enfants bleus : Mlles Berthe Libovitz, Fernande Faveret, Suzanne Faveret, Blanche Faveret, Raymonde Faveret, Henriette Gallet, Jeanne Evrard, Denise Choquet, Léa Dumont, Marcelle Malherbe, Juliette Malherbe, Lucienne Chezeaux, Dupechier

Les Gardiennes : Mlles Deroissy, Georges, Théloz, Albert
Le Chef des Gros Bonheurs : M. Barré
Les Autres Bonheurs : MM. Alfroy, Adalbert, etc.

Les Petits Bonheurs : Mlles Lucienne Chezeaux, Nini Mano, Jeanne Corrège, Henriette Maillefer, Fernande Faveret, Blanche Faveret, Louise Starck, Rachel Horelick

Les Adolescents : Mlles Jane Faveret, Raymonde Faveret, Maud Loti, Annette Libovitz, Laurence Petit
Le Chef des Bonheurs : Mlle Renée Beauval
Le Bonheur-de-se-bien-porter : Mlle Dorchère
Le Bonheur-de-l'air-pur : Mlle Fleury

Le Bonheur-d'aimer-ses-parents : Mlle Gannon
Le Bonheur-du-ciel-bleu : Mlle Blanche Borelli
Le Bonheur-de-la-forêt : Diris
Le Bonheur-des-heures-du-soleil : Mlle Boissière
Le Bonheur-du-printemps : Mlle Renée Danon
Le Bonheur-des-couchers-de-soleil : Mlle Soyez
Le Bonheur-de-voir-se-lever-les-étoiles : Mlle Georges
Le Bonheur-de-la-pluie : Mlle Darièze
Le Bonheur-du-feu-d'hiver : Mlle Carène
Le Bonheur-des-pensées-innocentes : Mlle Laura Walter
Le Bonheur-de-courir-nu-pieds-dans-la-rosée :
Mlle Antoinette Raymond
La Joie-d'être-juste : Mlle Albert
La Joie-d'être-bonne : Mlle Bulaine
La Joie-de-la-gloire : Mlle Tréloz
La Joie-de-penser : Mlle Deroissy
La Joie-de-comprendre : Mlle Lefebvre
La Joie-de-voir-ce-qui-est-beau : Mlle Didier
La Joie-d'aimer : Mlle Dervil
L'Amour maternel : Mlle Méthivet
Les Joies inconnues : Mlles Soyez, Delattraz, Dessoyer, etc.
La Voisine Berlingot : Mme Gina Barbieri
La Petite Fille : Mlle Juliette Malherbe

COSTUMES

Tyltyl : costume du Petit Poucet dans les contes de Perrault : petite culotte rouge vermillon, courte veste bleu tendre, bas blancs, souliers ou bottines de cuir fauve.
Mytyl : costume de Grethel ou bleu du Petit Chaperon rouge.
La Lumière : robe couleur de lune, c'est-à-dire d'or pâle à reflets d'argent, gazes scintillantes, formant des rayons, etc. Style néo-grec ou anglo-grec genre Walter Crane ou même plus ou moins Empire. – Taille haute, bras nus, etc. – Coiffure : sorte de diadème ou même de couronne légère.
La Fée Berylune, la Voisine Berlingot : costume classique des pauvresses de conte de fées. On pourrait supprimer au premier acte la transformation de la Fée en princesse.
Le Père Tyl, la Mère Tyl, Grand-papa Tyl, Grand-maman Tyl : costumes légendaires des bûcherons et des paysans allemands dans les contes de Grimm.
Les Frères et Sœurs de Tyltyl : variantes de costume du Petit Poucet.
Le Temps : costume classique du Temps, vaste manteau noir ou gros bleu, barbe blanche et flottante, faux, sablier.
L'Amour maternel : costume à peu près semblable à celui de la Lumière, c'est-à-dire voiles souples et presque transparents de statue grecque, blancs autant que possible. Perles et pierreries aussi riches et aussi nombreuses qu'on voudra, pourvu qu'elles ne rompent pas l'harmonie pure et candide de l'ensemble
Les Grandes Joies : comme il est dit dans le texte, robes lumineuses aux subtiles et suaves nuances, réveil de rose, sourire d'eau, rosée d'ambre, azur d'aurore, etc.

Les Bonheurs de la maison : robes de diverses couleurs, ou si l'on veut, costumes de paysans, de bergers, de bûcherons, etc., mais idéalisés et fériquement interprétés.
Les Gros Bonheurs : avant la transformation, amples et lourds manteaux de brocart rouge et jaune, bijoux énormes et épais, etc. après la transformation : maillots café ou chocolat, donnant l'impression de pantins en baudruche.
La Nuit : amples vêtements noirs mystérieusement constellés, à reflets mordorés. Voiles, pavots sombres, etc.
La Petite Fille de la voisine : chevelure blonde et lumineuse, longue robe blanche.
Le Chien : habit rouge, culotte blanche, bottes vernies, chapeau ciré ; costume rappelant plus ou moins celui de John Bull.
La Chatte : maillot de soie noire à paillettes.
Il convient que les têtes de ces deux personnages soient discrètement animalisées.
Le Pain : somptueux costume de pacha. Ample robe de soie ou de velours cramoisi, broché d'or. Vaste turban. Cimeterre. Vente énorme, face rouge et extrêmement joufflue.
Le Sucre : robe de soie, dans le genre de celles des eunuques, mi-partie de blanc et de bleu pour rappeler le papier d'emballage des pains de sucre. Coiffure des gardiens du sérail.
Le Feu : maillot rouge, manteau vermillon à reflets chatoyants, doublé d'or. Aigrette de flammes versicolores.
L'Eau : robe couleur du temps du conte de Peau d'Ane, c'est-à-dire bleuâtre ou glauque, à reflets transparents, effets de gaze ruisselante, également style néo- ou anglo-grec, mais plus ample, plus flottant. Coiffure de fleurs et d'algues ou de roseaux.
Les Animaux : costumes populaires ou paysans.
Les Arbres : robes, nuances variées du vert ou de la teinte tronc d'arbre. Attributs, feuilles ou branches qui les fassent reconnaître.

ACTE PREMIER

PREMIER TABLEAU
LA CABANE DU BÛCHERON

Le théâtre représente l'intérieur d'une cabane de bûcheron, simple, rustique, mais non point misérable. – Cheminée à manteau où s'assoupit un feu de bûches. – Ustensiles de cuisine, armoire, huche, horloge à poids, rouet, fontaine, etc. – Sur une table, une lampe allumée. – Au pied de l'armoire, de chaque côté de celle-ci, endormis, pelotonés, le nez sous la queue, un Chien et une Chatte. – Entre eux deux, un grand pain de sucre blanc et bleu. – Accrochée au mur, une cage ronde renfermant une tourterelle. – Au fond, deux fenêtres dont les volets intérieurs sont fermés. – Sous l'une des fenêtres, un escabeau. – A gauche, la porte d'entrée de la maison, munie d'un gros loquet. – A droite, une autre porte. – Echelle menant à un grenier. – Egalement à droite, deux petits lits d'enfant, au chevet desquels, sur deux chaises, des vêtements se trouvent soigneusement pliés.

Au lever du rideau, Tyltyl et Mytyl sont profondément endormis dans leurs petits lits. La Mère Tyl les borde une dernière fois, se penche sur eux, contemple un moment leur sommeil et appelle de la main le Père Tyl qui passe la tête dans l'entrebâillement de la porte. La Mère Tyl met un doigt sur ses lèvres pour lui commander le silence, puis sort à droite sur la pointe des pieds, après avoir éteint la lampe. La scène reste obscure un instant, puis une lumière dont l'intensité augmente peu à peu filtre par les lames des volets. La lampe sur la table se rallume d'elle-même. Les deux enfants semblent s'éveiller et se mettent sur leur séant.

TYLTYL. Mytyl ?

MYTYL. Tyltyl ?

TYLTYL. Tu dors ?

MYTYL. Et toi ?...

TYLTYL. Mais non, je dors pas puisque je te parle...

MYTYL. C'est Noël, dis ?...

TYLTYL. Pas encore ; c'est demain. Mais le petit Noël n'apportera rien cette année...

MYTYL. Pourquoi ?...

TYLTYL. J'ai entendu maman qui disait qu'elle n'avait pu aller à la ville pour le prévenir... Mais il viendra l'année prochaine...

MYTYL. C'est long, l'année prochaine ?...

TYLTYL. Ce n'est pas trop court... Mais il vient cette nuit chez les enfants riches...

MYTYL. Ah ?...

TYLTYL. Tiens !... Maman a oublié la lampe !... J'ai une idée...

MYTYL. ?...

TYLTYL. Nous allons nous lever...

MYTYL. C'est défendu...

TYLTYL. Puisqu'il n'y a personne... Tu vois les volets ?

MYTYL. Oh ! qu'ils sont clairs !...

TYLTYL. C'est les lumières de la fête.

MYTYL. Quelle fête ?

TYLTYL. En face, chez les petits riches. C'est l'arbre de Noël. Nous allons les ouvrir...

MYTYL. Est-ce qu'on peut ?

TYLTYL. Bien sûr, puisqu'on est seuls… Tu entends la musique ?… Levons-nous… *(Les deux enfants se lèvent, courent à l'une des fenêtres, montent sur l'escabeau et poussent les volets. Une vive clarté pénètre dans la pièce. Les enfants regardent avidement au-dehors.)* On voit tout !…

MYTYL *(qui ne trouve qu'une place précaire sur l'escabeau).* Je vois pas…

TYLTYL. Il neige !… Voilà deux voitures à six chevaux !…

MYTYL. Il en sort douze petits garçons !…

TYLTYL. T'es bête !… C'est des petites filles…

MYTYL Ils ont des pantalons…

TYLTYL. Tu t'y connais… Ne me pousse pas ainsi !…

MYTYL. Je t'ai pas touché.

TYLTYL *(qui occupe à lui seul tout l'escabeau).* Tu prends toute la place…

MYTYL. Mais j'ai pas du tout de place !…

TYLTYL. Tais-toi donc. On voit l'arbre !…

MYTYL. Quel arbre ?…

TYLTYL. Mais l'arbre de Noël !… Tu regardes le mur !…

MYTYL. Je regarde le mur parce qu'y'a pas de place…

TYLTYL *(lui cédant une petite place avare sur l'escabeau).* Là !… En as-tu assez ?… C'est-y pas la meilleure ?… Il y en a des lumières ! Il y en a !…

MYTYL. Qu'est-ce qu'ils font donc ceux qui font tant de bruit ?...

TYLTYL. Ils font de la musique.

MYTYL. Est-ce qu'ils sont fâchés ?…

TYLTYL. Non, mais c'est fatigant.

MYTYL. Encore une voiture attelée de chevaux blancs !…

TYLTYL. Tais-toi !… Regarde donc !…

MYTYL. Qu'est-ce qui pend là, en or, après les branches ?…

TYLTYL. Mais les jouets, pardi !… Des sabres, des fusils, des soldats, des canons…

MYTYL. Et des poupées, dis, est-ce qu'on en a mis ?…

TYLTYL. Des poupées ?… C'est trop bête ; ça ne les amuse pas…

MYTYL. Et autour de la table, qu'est-ce que c'est que tout ça ?…

TYLTYL. C'est des gâteaux, des fruits, des tartes à la crème…

MYTYL. J'en ai mangé une fois, lorsque j'étais petite…

TYLTYL. Moi aussi ; c'est meilleur que le pain, mais on en a trop peu…

MYTYL. Ils n'en ont pas trop peu… Il y en a plein la table… Est-ce qu'ils vont les manger ?…

TYLTYL. Bien sûr ; qu'en feraient-ils ?…

MYTYL. Pourquoi qu'ils ne les mangent pas tout de suite ?…

TYLTYL. Parce qu'ils n'ont pas faim…

MYTYL *(stupéfaite)*. Ils n'ont pas faim ?… Pourquoi ?…

TYLTYL. C'est qu'ils mangent quand ils veulent…

MYTYL *(incrédule)*. Tous les jours ?…

TYLTYL. On le dit…

MYTYL. Est-ce qu'ils mangeront tout ?… Est-ce qu'ils en donneront ?

TYLTYL. A qui ? ….

MYTYL. A nous…

TYLTYL. Ils ne nous connaissent pas...

MYTYL. Si on leur demandait ?…

TYLTYL. Cela ne se fait pas.

MYTYL. Pourquoi ?…

TYLTYL. Parce que c'est défendu.

MYTYL *(battant des mains).* Oh ! qu'ils sont donc jolis !…

TYLTYL *(enthousiasmé).* Et ils rient et ils rient !…

MYTYL. Et les petits qui dansent !…

TYLTYL. Oui, oui, dansons aussi !…

Ils trépignent de joie sur l'escabeau.

MYTYL. Oh ! que c'est amusant !…

TYLTYL. On leur donne les gâteaux !… Ils peuvent y toucher !… Ils mangent ! ils mangent ! ils mangent !…

MYTYL. Les plus petits aussi… Ils en ont deux, trois, quatre !…

TYLTYL *(ivre de joie).* Oh ! c'est bon !… Que c'est bon ! que c'est bon !…

MYTYL *(comptant des gâteaux imaginaires).* Moi, j'en ai reçu douze !…

TYLTYL. Et moi quatre fois douze !… Mais je t'en donnerai… *(On frappe à la porte de la cabane. Tyltyl subitement calmé et effrayé.)* Qu'est-ce que c'est ?…

MYTYL *(épouvantée).* C'est papa !…

Comme ils tardent à ouvrir, on voit le gros loquet se soulever de lui-même, en grinçant ; la porte s'entrebâille pour livrer passage à une petite vieille habillée de vert et coiffée d'un chaperon rouge. Elle est bossue, boiteuse, borgne ; le nez et le menton se rencontrent, et elle marche courbée sur un bâton. Il n'est pas douteux que ce ne soit une fée.

LA FÉE. Avez-vous ici l'herbe qui chante ou l'oiseau qui est bleu ?…

TYLTYL. Nous avons l'herbe mais elle ne chante pas…

MYTYL. Tyltyl a un oiseau.

TYLTYL. Mais je ne peux pas le donner…

LA FÉE. Pourquoi ….

TYLTYL. Parce qu'il est à moi.

LA FÉE. C'est une raison, bien sûr. Où est-il, cet oiseau ?…

TYLTYL *(montrant la cage)*. Dans la cage…

LA FÉE *(mettant ses besicles pour examiner l'oiseau)*. Je n'en veux pas ; il n'est pas assez bleu. Il faudra que vous m'alliez chercher celui dont j'ai besoin.

TYLTYL. Mais je ne sais pas où il est…

LA FÉE. Moi non plus. C'est pourquoi il faut le chercher. Je puis à la rigueur me passer de l'herbe qui chante ; mais il me faut absolument l'Oiseau Bleu. C'est pour ma petite fille qui est très malade.

TYLTYL. Qu'est-ce qu'elle a ?…

LA FÉE. On ne sait pas au juste ; elle voudrait être heureuse…

TYLTYL. Ah ?…

LA FÉE. Savez-vous qui je suis ?…

TYLTYL. Vous ressemblez un peu à notre voisine, madame Berlingot…

LA FÉE *(se fâchant subitement)*. En aucune façon… Il n'y a aucun rapport… C'est abominable !… Je suis la Fée Bérylune…

TYLTYL. Ah ! très bien…

LA FÉE. Il faudra partir tout de suite.

TYLTYL. Vous viendrez avec nous ?…

LA FÉE. C'est absolument impossible à cause du pot-au-feu que j'ai mis ce matin et qui s'empresse de déborder chaque fois que je m'absente plus d'une heure… *(Montrant successivement le plafond, la cheminée, et la fenêtre.)* Voulez-vous sortir par ici, par là ou par là ?…

TYLTYL *(montrant timidement la porte).* J'aimerais mieux sortir par là...

LA FÉE *(se fâchant encore subitement).* C'est absolument impossible, et c'est une habitude révoltante !... *(Indiquant la fenêtre.)* Nous sortirons par là... Eh bien !... Qu'attendez-vous ?... Habillez-vous tout de suite... *(Les enfants obéissent et s'habillent rapidement.)* Je vais aider Mytyl...

TYLTYL. Nous n'avons pas de souliers.

LA FÉE. Ça n'a pas d'importance. Je vais vous donner un petit chapeau merveilleux. Où sont donc vos parents ?...

TYLTYL *(montrant la porte de droite).* Ils sont là ; ils dorment...

LA FÉE. Et votre Bon-papa et votre Bonne-maman ?...

TYLTYL. Ils sont morts...

LA FÉE. Et vos petits frères et vos petites sœurs... Vous en avez ?...

TYLTYL. Oui, oui ; trois petits frères...

MYTYL. Et quatre petites sœurs...

LA FÉE. Où sont-ils ?...

TYLTYL. Ils sont morts aussi...

LA FÉE. Voulez-vous les revoir ?...

TYLTYL. Oh oui !... Tout de suite !... Montrez-les !...

LA FÉE. Je ne les ai pas dans ma poche... Mais ça tombe à merveille ; vous les reverrez en passant par le pays du Souvenir. C'est sur la route de l'Oiseau Bleu. Tout de suite à gauche, après le troisième carrefour. – Que faisiez-vous quand j'ai frappé ?...

TYLTYL. Nous jouions à manger des gâteaux.

LA FÉE. Vous avez des gâteaux ?... Où sont-ils ?

TYLTYL. Dans le palais des enfants riches... Venez voir, c'est si beau !...

Il entraîne la Fée vers la fenêtre.

LA FÉE *(à la fenêtre)*. Mais ce sont les autres qui les mangent !...

TYLTYL. Oui, mais puisqu'on voit tout...

LA FÉE. Tu ne leur en veux pas ?...

TYLTYL. Pourquoi ? ...

LA FÉE. Parce qu'ils mangent tout. Je trouve qu'ils ont grand tort de ne pas t'en donner...

TYLTYL. Mais non, puisqu'ils sont riches... Hein ? que c'est beau chez eux !...

LA FÉE. Ce n'est pas plus beau que chez toi.

TYLTYL. Heu !... Chez nous c'est plus noir, plus petit, sans gâteaux...

LA FÉE. C'est absolument la même chose ; c'est que tu n'y vois pas...

TYLTYL. Mais si, j'y vois très bien, et j'ai de très bons yeux. Je lis l'heure au cadran de l'église que Papa ne voit pas...

LA FÉE *(se fâchant subitement)*. Je te dis que tu n'y vois pas !... Comment donc me vois-tu ?... Comment donc suis-je faite ?... *(Silence gêné de Tyltyl.)* Eh bien, répondras-tu ?... que je sache si tu vois ?... Suis-je belle ou bien laide ?... *(Silence de plus en plus embarrassé.)* Tu ne veux pas répondre ?... Suis-je jeune ou bien vieille ?... Suis-je rose ou bien jaune ? J'ai peut-être une bosse ?...

TYLTYL *(conciliant)*. Non, non, elle n'est pas grande...

LA FÉE. Mais si, à voir ton air, on la croirait énorme... Ai-je le nez crochu et l'œil gauche crevé ?...

TYLTYL. Non, non, je ne dis pas... Qui est-ce qui l'a crevé ?...

LA FÉE *(de plus en plus irritée)*. Mais il n'est pas crevé !... Insolent ! misérable !... Il est plus beau que l'autre ; il est plus grand, plus clair, il est bleu comme le ciel... Et mes cheveux, vois-tu ?... Ils sont blonds comme les blés... on dirait de l'or vierge !... Et j'en ai tant et tant que la tête me pèse... Ils s'échappent de partout. Les vois-tu sur mes mains ?... Elle étale deux maigres mèches de cheveux gris.

TYLTYL. Oui, j'en vois quelques-uns.

LA FÉE *(indignée)*. Quelques-uns !... Des gerbes ! des brassées ! des touffes ! des flots d'or !... Je sais bien que des gens disent qu'ils n'en voient point ; mais tu n'es pas de ces méchantes gens aveugles, je suppose ?...

TYLTYL. Non, non, je vois très bien ceux qui ne se cachent point...

LA FÉE. Mais il faut voir les autres avec la même audace ... C'est bien curieux, les hommes... Depuis la mort des fées, ils n'y voient plus du tout et ne s'en doutent point... Heureusement que j'ai toujours sur moi tout ce qu'il faut pour rallumer les yeux éteints... Qu'est-ce que je tire de mon sac ?...

TYLTYL. Oh ! le joli petit chapeau vert !... Qu'est-ce qui brille ainsi sur la cocarde ?...

LA FÉE. C'est le gros Diamant qui fait voir...

TYLTYL. Ah !...

LA FÉE. Oui ; quand on a le chapeau sur la tête, on tourne un peu le Diamant : de droite à gauche, par exemple, tiens, comme ceci, vois-tu ?... Il appuie alors sur une bosse de la tête que personne ne connaît, et qui ouvre les yeux...

TYLTYL. Ça ne fait pas de mal ?...

LA FÉE. Au contraire, il est fée... On voit à l'instant même ce qu'il y a dans les choses ; l'âme du pain, du vin, du poivre, par exemple...

MYTYL. Est-ce qu'on voit aussi l'âme du sucre ?...

LA FÉE *(subitement fâchée)*. Cela va sans dire !... Je n'aime pas les questions inutiles... L'âme du sucre n'est pas plus intéressante que celle du poivre... Voilà, je vous donne ce que j'ai pour vous aider dans la recherche de l'Oiseau Bleu... – Je sais bien que l'Anneau-qui-rend-invisible ou le Tapis Volant vous seraient plus utiles... Mais j'ai perdu la clef de l'armoire où je les ai serrés... Ah ! j'allais oublier... *(Montrant le Diamant.)* Quand on le tient ainsi, tu vois... un petit tour de plus, on revoit le passé... Encore un petit tour, et l'on voit l'Avenir... C'est curieux et pratique et ça ne fait pas de bruit...

TYLTYL. Papa me le prendra...

LA FÉE. Il ne le verra pas ; personne ne peut le voir tant qu'il est sur ta tête... Veux-tu l'essayer ?... *(Elle coiffe Tyltyl du petit chapeau vert.)* A présent, tourne le Diamant... Un tour et puis après...

A peine Tyltyl a-t-il tourné le Diamant, qu'un changement soudain et prodigieux s'opère en toutes choses. La vieille fée est tout à coup une belle princesse merveilleuse ; les cailloux dont sont bâtis les murs de la cabane s'illuminent, bleuissent comme des saphirs, deviennent transparents, scintillent, éblouissent à l'égal des pierres les plus précieuses. Le pauvre mobilier s'anime et resplendit ; la table de bois blanc s'affirme aussi grave, aussi noble qu'une table de marbre, le cadran de l'horloge cligne de l'œil et sourit avec aménité, tandis que la porte derrière quoi va et vient le balancier s'entrouvre et laisse s'échapper les Heures, qui, se tenant les mains et riant aux éclats, se mettent à danser au son d'une musique délicieuse. Effarement légitime de Tyltyl qui s'écrie en montrant les Heures.

TYLTYL. Qu'est-ce que c'est que toutes ces belles dames ?...

LA FÉE. N'aie pas peur ; ce sont les heures de ta vie qui sont heureuses d'être libres et visibles un instant...

TYLTYL. Et pourquoi que les murs sont si clairs ?... Est-ce qu'ils sont en sucre ou en pierres précieuses ?...

LA FÉE. Toutes les pierres sont pareilles, toutes les pierres sont précieuses : mais l'homme n'en voit que quelques-unes...

Pendant qu'ils parlent ainsi, la féerie continue et se complète. Les âmes des Pains-de-quatre-livres, sous la forme de bonshommes en maillot couleur croûte-de-pain, ahuris et poudrés de farine, se dépêtrent de la huche et gambadent autour de la table où ils sont rejoints par le Feu, qui, sorti de l'âtre en maillot soufre et vermillon, les poursuit en se tordant de rire.

TYLTYL. Qu'est-ce que c'est que ces vilains bonshommes ?...

LA FÉE. Rien de grave ; ce sont les âmes des Pains-de-quatre-livres qui profitent du règne de la vérité pour sortir de la huche où elles se trouvaient à l'étroit...

TYLTYL. Et le grand diable rouge qui sent mauvais ?...

LA FÉE. Chut !... Ne parle pas trop haut, c'est le Feu... Il a mauvais caractère.

Ce dialogue n'a pas interrompu la féerie. Le Chien et la Chatte, couchés en rond au pied de l'armoire, poussant simultanément un grand cri, disparaissent dans une trappe, et, à leur place, surgissent deux personnages dont l'un porte un masque de bouledogue, et l'autre une tête de chatte. Aussitôt, le petit homme au masque de bouledogue – que nous appellerons dorénavant le Chien – se précipite sur Tyltyl qu'il embrasse violemment et accable de bruyantes et impétueuses caresses, cependant que la petite femme au masque de chatte – que nous appellerons plus simplement la Chatte – se donne un coup de peigne, se lave les mains et se lisse la moustache, avant de s'approcher de Mytyl.

LE CHIEN *(hurlant, sautant, bousculant tout, insupportable)*. Mon petit dieu !... Bonjour ! bonjour, mon petit dieu !... Enfin, enfin, on peut parler ! J'avais tant de choses à te dire !... J'avais beau aboyer et remuer la queue !... Tu ne comprenais pas !... Mais maintenant !... Bonjour ! bonjour !... Je t'aime !... Je t'aime... Veux-tu que je fasse quelque chose d'étonnant ?... Veux-tu que je fasse le beau ?... Veux-tu que je marche sur les mains ou que je danse à la corde ?...

TYLTYL *(à la Fée)*. Qu'est-ce que c'est que ce monsieur à tête de chien ?…

LA FÉE. Mais tu ne vois donc pas ?… C'est l'âme de Tylô que tu as délivrée…

LA CHATTE *(s'approchant de Mytyl et lui tendant la main, cérémonieusement, avec circonspection)*. Bonjour, mademoiselle… Que vous êtes jolie ce matin !…

MYTYL. Bonjour, madame… *(A la Fée.)* Qui est-ce ?…

LA FÉE. C'est facile à voir ; c'est l'âme de Tylette qui te tend la main… Embrasse-la…

LE CHIEN *(bousculant la Chatte)*. Moi aussi !… J'embrasse le petit dieu !… J'embrasse la petite fille !… J'embrasse tout le monde !… Chic !… On va s'amuser !… Je vais faire peur à Tylette !… Hou ! hou ! hou !

LA CHATTE. Monsieur, je ne vous connais pas…

LA FÉE *(menaçant le Chien de sa baguette)*. Toi, tu vas te tenir bien tranquille ; sinon tu rentreras dans le silence, jusqu'à la fin des temps…

Cependant, la féerie a poursuivi son cours : le Rouet s'est mis à tourner vertigineusement dans un coin en filant de splendides rayons de lumière ; la Fontaine, dans l'autre angle, se prend à chanter d'une voix suraiguë et, se transformant en fontaine lumineuse, inonde l'évier de nappes de perles et d'émeraudes, à travers lesquelles s'élance l'âme de l'Eau, pareille à une jeune fille ruisselante, échevelée, qui va incontinent se battre avec le Feu.

TYLTYL. Et la dame mouillée ?…

LA FÉE. N'aie pas peur, c'est l'Eau qui sort du robinet…

Le Pot-au-lait se renverse, tombe de la table, se brise sur le sol ; et du lait répandu s'élève une grande forme blanche et pudibonde qui semble avoir peur de tout.

TYLTYL. Et la dame en chemise qui a peur ?…

LA FÉE. C'est le Lait qui a cassé son pot…

Le Pain-de-sucre posé au pied de l'armoire grandit, s'élargit et crève son enveloppe de papier d'où émerge un être doucereux et papelard, vêtu d'une souquenille mi-partie de blanc et de bleu, qui, souriant béatement, s'avance vers Mytyl.

MYTYL *(avec inquiétude)*. Que veut-il ?...

LA FÉE. Mais c'est l'âme du Sucre !...

MYTYL *(rassurée)*. Est-ce qu'il a des sucres d'orge ?...

LA FÉE. Mais il n'a que ça dans ses poches, et chacun de ses doigts en est un...

La Lampe tombe de la table, et aussitôt tombée, sa flamme se redresse et se transforme en une lumineuse Vierge d'une incomparable beauté. Elle est vêtue de longs voiles transparents et éblouissants, et se tient immobile en une sorte d'extase.

TYLTYL. C'est la Reine !

MYTYL. C'est la Sainte Vierge !...

LA FÉE. Non, mes enfants, c'est la Lumière...

Cependant, les casseroles, sur les rayons, tournent comme des toupies hollandaises, l'armoire à linge claque ses battants et commence un magnifique déroulement d'étoffes couleur de lune et de soleil, auquel se mêlent, non moins splendides, des chiffons et des guenilles qui descendent l'échelle du grenier. Mais voici que trois coups assez rudes sont frappés à la porte de droite.

TYLTYL *(effrayé)*. C'est papa !... Il nous a entendus !

LA FÉE. Tourne le Diamant !... De gauche à droite !... *(Tyltyl tourne vivement le diamant.)* Pas si vite !... Mon Dieu ! Il est trop tard !... Tu l'as tourné trop brusquement. Ils n'auront pas le temps de reprendre leur place, et nous aurons bien des ennuis... *(La Fée redevient vieille femme, les murs de la cabane éteignent leurs splendeurs, les Heures rentrent dans l'horloge, le Rouet s'arrête, etc.*

Mais dans la hâte et le désarroi général, tandis que le Feu court follement autour de la pièce, à la recherche de la cheminée, un des Pains-de-quatre-livres, qui n'a pu retrouver place dans la huche, éclate en sanglots tout en poussant des rugissements d'épouvante.) Qu'y a-t-il ?...

LE PAIN *(tout en larmes).* Il n'y a plus de place dans la huche !...

LA FÉE *(se penchant sur la huche).* Mais si, mais si... *(Poussant les autres pains qui ont repris leur place primitive.)* Voyons, vite, rangez-vous...

On heurte encore à la porte.

LE PAIN *(éperdu, s'efforçant vainement d'entrer dans la huche).* Il n'y a pas moyen !... Il me mangera le premier !...

LE CHIEN *(gambadant autour de Tyltyl).* Mon petit dieu !... Je suis encore ici ! Je puis encore parler ! Je puis encore t'embrasser !... Encore ! encore ! encore !...

LA FÉE. Comment, toi aussi ?... Tu es encore là ?...

LE CHIEN. J'ai de la veine... Je n'ai pas pu rentrer dans le silence ; la trappe s'est refermée trop vite...

LA CHATTE. La mienne aussi... Que va-t-il arriver ? Est-ce que c'est dangereux ?

LA FÉE. Mon Dieu, je dois vous dire la vérité : tous ceux qui accompagneront les deux enfants, mourront à la fin du voyage...

LA CHATTE. Et ceux qui ne les accompagneront pas ?...

LA FÉE. Ils survivront quelques minutes...

LA CHATTE *(au Chien).* Viens, rentrons dans la trappe...

LE CHIEN. Non, non !... Je ne veux pas !... Je veux accompagner le petit dieu !... Je veux lui parler tout le temps !...

LA CHATTE. Imbécile !

On heurte encore à la porte.

LE PAIN *(pleurant à chaudes larmes).* Je ne veux pas mourir à la fin du voyage !... Je veux rentrer tout de suite dans ma huche !...

LE FEU *(qui n'a cessé de parcourir vertigineusement la pièce en poussant des sifflements d'angoisse).* Je ne trouve plus ma cheminée !...

L'EAU *(qui tente vainement de rentrer dans le robinet).* Je ne peux plus rentrer dans le robinet !...

LE SUCRE *(qui s'agite autour de son enveloppe de papier).* J'ai crevé mon papier d'emballage !...

LE LAIT *(lymphatique et pudibond).* On a cassé mon petit pot !...

LA FÉE. Sont-ils bêtes, mon Dieu !... Sont-ils bêtes et poltrons !... Vous aimeriez donc mieux continuer de vivre dans vos vilaines boîtes, dans vos trappes et dans vos robinets que d'accompagner les enfants qui vont chercher l'Oiseau ?...

TOUS *(à l'exception du Chien et de la Lumière).* Oui ! oui ! Tout de suite !... Mon robinet !... Ma huche !... Ma cheminée... Ma trappe !...

LA FÉE *(à la Lumière qui regarde rêveusement les débris de sa lampe).* Et toi, la Lumière, qu'en dis-tu ?...

LA LUMIÈRE. J'accompagnerai les enfants...

LE CHIEN *(hurlant de joie).* Moi aussi ! moi aussi !...

LA FÉE. Voilà qui est des mieux. Du reste, il est trop tard pour reculer ; vous n'avez plus le choix, vous sortirez tous avec nous... Mais toi, le Feu, ne t'approche de personne, toi, le Chien, ne taquine pas la Chatte, et toi, l'Eau, tiens-toi droite et tâche de ne pas couler partout...

Des coups violents sont encore frappés à la porte de droite.

TYLTYL *(écoutant).* C'est encore Papa !... Cette fois, il se lève, Je l'entends marcher...

LA FÉE. Sortons par la fenêtre… Vous viendrez tous chez moi, où j'habillerai convenablement les animaux et les phénomènes… *(Au Pain.)* Toi, le Pain, prends la cage dans laquelle on mettra l'Oiseau Bleu… Tu en auras la garde… Vite, vite, ne perdons pas de temps…

La fenêtre s'allonge brusquement, comme une porte. Ils sortent tous, après quoi la fenêtre reprend sa forme primitive et se referme innocemment. La chambre est redevenue obscure, et les deux petits lits sont plongés dans l'ombre. La porte à droite s'entrouvre, et dans l'entrebâillement paraissent les têtes du Père et de la Mère Tyl.

LE PÈRE TYL. Ce n'était rien… C'est le grillon qui chante…

LA MÈRE TYL. Tu les vois ?…

LE PÈRE TYL. Bien sûr… Ils dorment tranquillement…

LA MÈRE TYL. Je les entends respirer…

La porte se referme.

Rideau.

ACTE DEUXIÈME

DEUXIÈME TABLEAU
CHEZ LA FÉE

Un magnifique vestibule dans le palais de la Fée Bérylune. Colonnes de marbre clair à chapiteaux d'or et d'argent, escaliers, portiques, balustrades, etc.

Entrent au fond, à droite, somptueusement habillés, la Chatte, le Sucre et le Feu. Ils sortent d'un appartement d'où émanent des rayons de lumière ; c'est la garde-robe de la Fée. La Chatte a jeté une gaze légère sur son maillot de soie noire, le Sucre a revêtu une robe de soie, mi-partie de blanc et de bleu tendre, et le Feu, coiffé d'aigrettes multicolores, un long manteau cramoisi doublé d'or. Ils traversent toute la salle et descendent au premier plan, à droite, où la Chatte les réunit sous un portique.

LA CHATTE. Par ici. Je connais tous les détours de ce palais… La Fée Bérylune l'a hérité de Barbe-Bleue… Pendant que les enfants et la Lumière rendent visite à la petite fille de la Fée, profitons de notre dernière minute de liberté… Je vous ai fait venir ici, afin de vous entretenir de la situation qui nous est faite… Sommes-nous tous présents ?…

LE SUCRE. Voici le Chien qui sort de la garde-robe de la Fée…

LE FEU. Comment diable s'est-il habillé ?…

LA CHATTE. Il a pris la livrée d'un des laquais du carrosse de Cendrillon… C'est bien ce qu'il lui fallait… Il a une âme de valet… Mais dissimulons-nous derrière la balustrade… Je m'en méfie étrangement… Il vaudrait mieux qu'il n'entende pas ce que j'ai à vous dire…

LE SUCRE. C'est inutile… Il nous a éventés… Tiens, voilà l'Eau qui sort en même temps de la garde-robe. Dieu ! qu'elle est belle !…

Le Chien et l'Eau rejoignent le premier groupe.

LE CHIEN *(gambadant)*. Voilà ! voilà !… Sommes-nous beaux ! Regardez donc ces dentelles, et puis ces broderies !… C'est de l'or et du vrai !…

LA CHATTE *(à l'Eau)*. C'est la robe "couleur-du-temps" de Peau d'Ane ?… Il me semble que je la connais…

L'EAU. Oui, c'est encore ce qui m'allait le mieux…

LE FEU *(entre les dents)*. Elle n'a pas son parapluie…

L'EAU. Vous dites ?…

LE FEU. Rien, rien…

L'EAU. Je croyais que vous parliez d'un gros nez rouge que j'ai vu l'autre jour…

LA CHATTE. Voyons, ne nous querellons pas, nous avons mieux à faire… Nous n'attendons plus que le Pain : où est-il ?…

LE CHIEN. Il n'en finissait pas de faire de l'embarras pour choisir son costume…

LE FEU. C'est bien la peine, quand on a l'air idiot et qu'on porte un gros ventre…

LE CHIEN. Finalement, il s'est décidé pour une robe turque, ornée de pierreries, un cimeterre et un turban…

LA CHATTE. Le voilà !… Il a mis la plus belle robe de Barbe-Bleue…

Entre le Pain, dans le costume qu'on vient de décrire. La robe de soie est péniblement croisée sur son énorme ventre. Il tient d'une main la garde du cimeterre passé dans sa ceinture et de l'autre la cage destinée à l'Oiseau Bleu.

LE PAIN *(se dandinant vaniteusement)*. Eh bien ?... Comment me trouvez-vous ?...

LE CHIEN *(gambadant autour du Pain)*. Qu'il est beau ! qu'il est bête ! qu'il est beau ! qu'il est beau !...

LA CHATTE *(au Pain)*. Les enfants sont-ils habillés ?...

LE PAIN. Oui, monsieur Tyltyl a pris la veste rouge, les bas blancs et la culotte bleue du Petit Poucet ; quant à mademoiselle Mytyl, elle a la robe de Grethel et les pantoufles de Cendrillon... Mais la grande affaire, ç'a été d'habiller la Lumière !...

LA CHATTE. Pourquoi ?...

LE PAIN. La Fée la trouvait si belle qu'elle ne voulait pas l'habiller du tout !... Alors j'ai protesté au nom de notre dignité d'éléments essentiels et éminemment respectables ; et j'ai fini par déclarer que, dans ces conditions, je refusais de sortir avec elle...

LE FEU. Il fallait lui acheter un abat-jour !...

LA CHATTE. Et la Fée, qu'a-t-elle répondu ?...

LE PAIN. Elle m'a donné quelques coups de bâton sur la tête et le ventre...

LA CHATTE. Et alors ?...

LE PAIN. Je fus promptement convaincu, mais au dernier moment ; la Lumière s'est décidée pour la robe "couleur-de-lune" qui se trouvait au fond du coffre aux trésors de Peau d'Ane...

LA CHATTE. Voyons, c'est assez bavardé, le temps presse... Il s'agit de notre avenir... Vous l'avez entendu, la Fée vient de le dire, la fin de ce voyage marquera en même temps la fin de notre vie... Il s'agit donc de le prolonger autant que possible et par tous les moyens possibles... Mais il y a encore autre chose ; il faut que nous pensions au sort de notre race et à la destinée de nos enfants...

LE PAIN. Bravo ! bravo !... La Chatte a raison !...

LA CHATTE. Ecoutez-moi... Nous tous ici présents, animaux, choses et éléments, nous possédons une âme que l'homme ne connaît pas encore. C'est pourquoi nous gardons un reste d'indépendance ; mais, s'il trouve l'Oiseau Bleu, il saura tout, il verra tout, et nous serons complètement à sa merci... C'est ce que vient de m'apprendre ma vieille amie la Nuit, qui est en même temps la gardienne des mystères de la Vie... Il est donc de notre intérêt d'empêcher à tout prix qu'on ne trouve cet oiseau, fallût-il aller jusqu'à mettre en péril la vie même des enfants...

LE CHIEN *(indigné)*. Que dit-elle, celle-là ?... Répète un peu que j'entende bien ce que c'est ?

LE PAIN. Silence !... Vous n'avez pas la parole !... Je préside l'assemblée...

LE FEU. Qui vous a nommé président ?...

L'EAU *(au Feu)*. Silence !... De quoi vous mêlez-vous ?...

LE FEU. Je me mêle de ce qu'il faut... Je n'ai pas d'observations à recevoir de vous...

LE SUCRE *(conciliant)*. Permettez... Ne nous querellons point... L'heure est grave... Il s'agit avant tout de s'entendre sur les mesures à prendre...

LE PAIN. Je partage entièrement l'avis du Sucre et de la Chatte...

LE CHIEN. C'est idiot !... Il y a l'Homme, voilà tout !... Il faut lui obéir et faire tout ce qu'il veut !... Il n'y a que ça de vrai... Je ne connais que lui !... Vive l'Homme !... A la vie, à la mort, tout pour l'Homme !... l'Homme est dieu !...

LE PAIN. Je partage entièrement l'avis du Chien.

LA CHATTE *(au Chien)*. Mais on donne ses raisons...

LE CHIEN. Il n'y a pas de raisons !... J'aime l'Homme, ça suffit !... Si vous faites quelque chose contre lui, je vous étranglerai d'abord et j'irai tout lui révéler...

LE SUCRE *(intervenant avec douceur)*. Permettez… N'aigrissons pas la discussion… D'un certain point de vue, vous avez raison, l'un et l'autre… Il y a le pour et le contre…

LE PAIN. Je partage entièrement l'avis du Sucre !…

LA CHATTE. Est-ce que tous ici, l'Eau, le Feu, et vous-mêmes, le Pain et le Chien, nous ne sommes pas victimes d'une tyrannie sans nom ?… Rappelez-vous le temps où, avant la venue du despote, nous errions librement sur la face de la Terre… L'Eau et le Feu étaient les seuls maîtres du monde ; et voyez ce qu'ils sont devenus !… Quant à nous, les chétifs descendants des grands fauves… Attention !… N'ayons l'air de rien… Je vois s'avancer la Fée et la Lumière… La Lumière s'est mise du parti de l'Homme ; c'est notre pire ennemie… Les voici…

Entrent à droite, la Fée et la Lumière, suivies de Tyltyl et de Mytyl.

LA FÉE. Eh bien ?… Qu'est-ce que c'est ?… Que faites-vous dans ce coin ?… Vous avez l'air de conspirer… Il est temps de se mettre en route… Je viens de décider que la Lumière sera votre chef… Vous lui obéirez tous comme à moi-même et je lui confie ma baguette… Les enfants visiteront ce soir leurs grands-parents qui sont morts… Vous ne les accompagnerez pas, par discrétion… Ils passeront la soirée au sein de leur famille décédée… Pendant ce temps, vous préparerez tout ce qu'il faut pour l'étape de demain, qui sera longue… Allons, debout, en route et chacun à son poste !…

LA CHATTE *(hypocritement)*. C'est tout juste ce que je leur disais, madame la Fée… Je les exhortais à remplir consciencieusement et courageusement tout leur devoir ; malheureusement, le Chien qui ne cessait de m'interrompre…

LE CHIEN. Que dit-elle ?… Attends un peu !…

Il va bondir sur la Chatte, mais Tyltyl, qui a prévenu son mouvement, l'arrête d'un geste menaçant.

TYLTYL. A bas, Tylô !… Prends garde ; et s'il t'arrive encore une seule fois de…

LE CHIEN. Mon petit dieu, tu ne sais pas, c'est elle qui…

TYLTYL *(le menaçant)*. Tais-toi !…

LA FÉE. Voyons, finissons-en… Que le Pain, ce soir, remette la cage à Tyltyl… Il est possible que l'Oiseau Bleu se cache dans le Passé, chez les grands-parents… En tout cas, c'est une chance qu'il convient de ne point négliger… Eh bien, le Pain, cette cage ?…

LE PAIN *(solennel)*. Un instant, s'il vous plaît, madame la Fée… *(Comme un orateur qui prend la parole.)* Vous tous, soyez témoins que cette cage d'argent qui me fut confiée par…

LA FÉE *(l'interrompant)*. Assez !… Pas de phrases… Nous sortirons par là, tandis que les enfants sortiront par ici…

TYLTYL *(assez inquiet)*. Nous sortirons tout seuls ?…

MYTYL. J'ai faim …

TYLTYL. Moi aussi !…

LA FÉE *(au Pain)*. Ouvre ta robe turque et donne-leur une tranche de ton bon ventre…

Le Pain ouvre sa robe, tire son cimeterre et coupe, à même son gros ventre, deux tartines qu'il offre aux enfants.

LE SUCRE *(s'approchant des enfants)*. Permettez-moi de vous offrir en même temps quelques sucres d'orge…

Il casse un à un les cinq doigts de sa main gauche et les leur présente.

MYTYL. Qu'est-ce qu'il fait ?… Il casse tous ses doigts…

LE SUCRE *(engageant)*. Goûtez-les, ils sont excellents… C'est de vrais sucres d'orge…

MYTYL *(suçant un des doigts)*. Dieu qu'il est bon !… Est-ce que tu en as beaucoup ?…

LE SUCRE *(modeste)*. Mais oui, tant que je veux…

MYTYL. Est-ce que ça te fait bien mal quand tu les casses ainsi ?…

LE SUCRE. Pas du tout… Au contraire ; c'est très avantageux, ils repoussent tout de suite, et de cette façon, j'ai toujours des doigts propres et neufs…

LA FÉE. Voyons, mes enfants, ne mangez pas trop de sucre. N'oubliez pas que vous souperez tout à l'heure chez vos grands-parents…

TYLTYL. Ils sont ici ?…

LA FÉE. Vous allez les voir à l'instant…

TYLTYL. Comment les verrons-nous, puisqu'ils sont morts ?…

LA FÉE. Comment seraient-ils morts puisqu'ils vivent dans votre souvenir ?… Les hommes ne savent pas ce secret parce qu'ils savent bien peu de chose ; au lieu que toi, grâce au Diamant, tu vas voir que les morts dont on se souvient vivent aussi heureux que s'ils n'étaient point morts…

TYLTYL. La Lumière vient avec nous ?…

LA LUMIÈRE. Non, il est plus convenable que cela se passe en famille… J'attendrai ici près pour ne point paraître indiscrète… Ils ne m'ont pas invitée.

TYLTYL. Par où faut-il aller ?…

LA FÉE. Par là… Vous êtes au seuil du "Pays du Souvenir". Dès que tu auras tourné le Diamant, tu verras un gros arbre muni d'un écriteau, qui te montrera que tu es arrivé… Mais n'oubliez pas que vous devez être rentrés tous les deux à neuf heures moins le quart… C'est extrêmement important… Surtout soyez exacts, car tout serait perdu si vous vous mettiez en retard… A bientôt… *(Appelant la Chatte, le Chien, la Lumière, etc.)* Par ici… Et les petits par là…

Elle sort à droite avec la Lumière, les animaux, etc., tandis que les enfants sortent à gauche.

Rideau.

TROISIÈME TABLEAU
LE PAYS DU SOUVENIR

Un épais brouillard d'où émerge, à droite, au tout premier plan, le tronc d'un gros chêne muni d'un écriteau. Clarté laiteuse, diffuse, impénétrable.

Tyltyl et Mytyl se trouvent au pied du chêne.

TYLTYL. Voici l'arbre !...

MYTYL. Il y a l'écriteau !...

TYLTYL. Je ne peux pas lire... Attends, je vais monter sur cette racine... C'est bien ça... C'est écrit : "Pays du Souvenir".

MYTYL. C'est ici qu'il commence ?...

TYLTYL. Oui il y a une flèche...

MYTYL. Eh bien, où qu'ils sont Bon-papa et Bonne-maman ?

TYLTYL. Derrière le brouillard... Nous allons voir...

MYTYL. Je ne vois rien du tout !... Je ne vois plus mes pieds ni mes mains... *(Pleurnichant.)* J'ai froid !... Je ne veux plus voyager... Je veux rentrer à la maison...

TYLTYL. Voyons, ne pleure pas tout le temps, comme l'Eau... T'es pas honteuse ?... Une grande petite fille !... Regarde, le brouillard se lève déjà... Nous allons voir ce qu'il y a dedans...

En effet, la brume s'est mise en mouvement ; elle s'allège, s'éclaire, se disperse, s'évapore. Bientôt, dans une lumière de plus en plus transparente, on découvre, sous une voûte de verdure, une riante maisonnette de paysan, couverte de plantes grimpantes. Les fenêtres et la porte sont ouvertes. On voit des ruches d'abeilles sous un auvent, des pots de fleurs sur l'appui des croisées, une cage où dort un merle, etc. Près de la porte un banc, sur lequel sont assis, profondément endormis, un vieux paysan et sa femme, c'est-à-dire le Grand-père et la Grand-mère de Tyltyl.

TYLTYL *(les reconnaissant tout à coup)*. C'est Bon-papa et Bonne-maman !...

MYTYL *(battant des mains)*. Oui ! oui !... C'est eux !... C'est eux !...

TYLTYL *(encore un peu méfiant)*. Attention... On ne sait pas encore s'ils remuent... Restons derrière l'arbre...

Grand-maman Tyl ouvre les yeux, lève la tête, s'étire, pousse un soupir, regarde Grand-papa Tyl qui lui aussi sort lentement de son sommeil.

GRAND-MAMAN TYL. J'ai idée que nos petits-enfants qui sont encore en vie nous vont venir voir aujourd'hui...

GRAND-PAPA TYL. Bien sûr, ils pensent à nous ; car je me sens tout chose et j'ai des fourmis dans les jambes...

GRAND-MAMAN TYL. Je crois qu'ils sont tout proches, car des larmes de joie dansent devant mes yeux...

GRAND-PAPA TYL. Non, non ; ils sont fort loin... Je me sens encore faible...

GRAND-MAMAN TYL. Je te dis qu'ils sont là ; j'ai déjà toute ma force...

TYLTYL et MYTYL *(se précipitant de derrière le chêne)*. Nous voilà !... Nous voilà !... Bon-papa, Bonne-maman !... C'est nous !... C'est nous !...

GRAND-PAPA TYL. Là !... Tu vois ?... Qu'est-ce que je disais ?... J'étais sûr qu'ils viendraient aujourd'hui...

GRAND-MAMAN TYL. Tyltyl !... Mytyl !... C'est toi !... C'est elle !... C'est eux !... *(S'efforçant de courir au-devant d'eux.)* Je ne peux pas courir !... J'ai toujours mes rhumatismes !

GRAND-PAPA TYL *(accourant de même en clopinant)*. Moi non plus... Rapport à ma jambe de bois qui remplace toujours celle que j'ai cassée en tombant du gros chêne...

Les grands-parents et les enfants s'embrassent follement.

GRAND-MAMAN TYL. Que tu es grandi et forci, mon Tyltyl !...

GRAND-PAPA TYL *(caressant les cheveux de Mytyl)*. Et Mytyl !... Regarde donc !... Les beaux cheveux, les beaux yeux !... Et puis, ce qu'elle sent bon !...

GRAND-MAMAN TYL. Embrassons-nous encore !... Venez sur mes genoux...

GRAND-PAPA TYL. Et moi, je n'aurai rien ?...

GRAND-MAMAN TYL. Non, non... A moi d'abord... Comment vont Papa et Maman Tyl ?...

TYLTYL. Fort bien, Bonne-maman... Ils dormaient quand nous sommes sortis...

GRAND-MAMAN TYL *(les contemplant et les accablant de caresses)*. Mon Dieu, qu'ils sont jolis et bien débarbouillés !... C'est Maman qui t'a débarbouillé ?... Et tes bas ne sont pas troués !... C'est moi qui les reprisais autrefois. Pourquoi ne venez-vous pas nous voir plus souvent ?... Cela nous fait tant de plaisir !... Voilà des mois et des mois que vous nous oubliez et que nous ne voyons plus personne...

TYLTYL. Nous ne pouvions pas, Bonne-maman ; et c'est grâce à la Fée qu'aujourd'hui...

GRAND-MAMAN TYL. Nous sommes toujours là, à attendre une petite visite de ceux qui vivent... Ils viennent si rarement !... La dernière fois que vous êtes venus, voyons, c'était quand donc ?... C'était à la Toussaint, quand la cloche de l'église a tinté...

TYLTYL. A la Toussaint ?... Nous ne sommes pas sortis ce jour-là, car nous étions fort enrhumés...

GRAND-MAMAN TYL. Non, mais vous avez pensé à nous...

TYLTYL. Oui...

GRAND-MAMAN TYL. Eh bien, chaque fois que vous pensez à nous, nous nous réveillons et nous nous revoyons...

TYLTYL. Comment, il suffit que...

GRAND-MAMAN TYL. Mais voyons, tu sais bien…

TYLTYL. Mais non, je ne sais pas…

GRAND-MAMAN TYL *(à Grand-papa Tyl)*. C'est étonnant, là-haut… Ils ne savent pas encore… Ils n'apprennent donc rien ?…

GRAND PAPA TYL. C'est comme de notre temps… Les Vivants sont si bêtes quand ils parlent des Autres…

TYLTYL. Vous dormez tout le temps ?…

GRAND-PAPA TYL. Oui, nous dormons pas mal, en attendant qu'une pensée des Vivants nous réveille… Ah ! c'est bien bon de dormir, quand la vie est finie… Mais il est agréable aussi de s'éveiller de temps en temps…

TYLTYL. Alors, vous n'êtes pas morts pour de vrai ?…

GRAND-PAPA TYL *(sursautant)*. Que dis-tu ?… Qu'est-ce qu'il dit ?… Voilà qu'il emploie des mots que nous ne comprenons plus… Est-ce que c'est un mot nouveau, une invention nouvelle ?…

TYLTYL. Le mot "mort" ?…

GRAND-PAPA TYL. Oui ; c'était ce mot-là… Qu'est-ce que ça veut dire ?…

TYLTYL. Mais ça veut dire qu'on ne vit plus…

GRAND-PAPA TYL. Sont-ils bêtes, là-haut !…

TYLTYL. Est-ce qu'on est bien ici ?…

GRAND-PAPA TYL. Mais oui ; pas mal, pas mal ; et même si l'on priait encore…

TYLTYL. Papa m'a dit qu'il ne faut plus prier…

GRAND-PAPA TYL. Mais si, mais si… Prier c'est se souvenir…

GRAND-MAMAN TYL. Oui, oui, tout irait bien, si seulement vous veniez nous voir plus souvent… Te rappelles-tu, Tyltyl ?… La dernière fois, j'avais fait une belle tarte aux pommes… Tu en as mangé tant et tant que tu t'es fait du mal…

TYLTYL. Mais je n'ai pas mangé de tarte aux pommes depuis l'année dernière... Il n'y a pas eu de pommes cette année...

GRAND-MAMAN TYL. Ne dis pas de bêtises... Ici il y en a toujours...

TYLTYL. Ce n'est pas la même chose...

GRAND-MAMAN TYL. Comment ? Ce n'est pas la même chose ?... Mais tout est la même chose puisqu'on peut s'embrasser...

TYLTYL *(regardant tour à tour son Grand-père et sa Grand-mère)*. Tu n'as pas changé, Bon-papa, pas du tout, pas du tout... Et Bonne-maman non plus n'a pas changé du tout... Mais vous êtes plus beaux...

GRAND-PAPA TYL. Eh ! ça ne va pas mal... Nous ne vieillissons plus... Mais vous, grandissez-vous !... Ah ! oui vous poussez ferme !... Tenez, là, sur la porte, on voit encore la marque de la dernière fois... C'était à la Toussaint... Voyons, tiens-toi bien droit... *(Tyltyl se dresse contre la porte.)* Quatre doigts !... C'est énorme !... *(Mytyl se dresse également contre la porte.)* Et Mytyl, quatre et demi !... Ah, ah ! la mauvaise graine !... Ce que ça pousse, ce que ça pousse !...

TYLTYL *(regardant autour de soi avec ravissement)*. Comme tout est bien de même, comme tout est à sa place !... Mais comme tout est plus beau !... Voilà l'horloge avec la grande aiguille dont j'ai cassé la pointe...

GRAND-PAPA TYL. Et voici la soupière que tu as écornée...

TYLTYL. Et voilà le trou que j'ai fait à la porte, le jour que j'ai trouvé le vilebrequin...

GRAND-PAPA TYL. Ah oui, tu en as fait des dégâts !... Et voici le prunier où tu aimais tant grimper quand je n'étais pas là... Il a toujours ses belles prunes rouges...

TYLTYL. Mais elles sont bien plus belles !...

MYTYL. Et voici le vieux merle !... Est-ce qu'il chante encore ?...

Le merle se réveille et se met à chanter à tue-tête.

GRAND-MAMAN TYL. Tu vois bien... Dès que l'on pense à lui...

TYLTYL *(remarquant avec stupéfaction que le merle est parfaitement bleu)*. Mais il est bleu !... Mais c'est lui, l'Oiseau Bleu que je dois rapporter à la Fée !... Et vous ne disiez pas que vous l'aviez ici ! Oh ! qu'il est bleu, bleu, bleu, comme une bille de verre bleu !... *(Suppliant.)* Bon-papa, Bonne-maman, voulez-vous me le donner ?...

GRAND-PAPA TYL. Bien oui, peut-être bien... Qu'en penses-tu, Maman Tyl ?...

GRAND-MAMAN TYL. Bien sûr, bien sûr... A quoi qu'il sert ici... Il ne fait que dormir... On ne l'entend jamais...

TYLTYL. Je vais le mettre dans ma cage... Tiens, où est-elle, ma cage ?... Ah ! c'est vrai, je l'ai oubliée derrière le gros arbre... *(Il court à l'arbre, rapporte la cage et y enferme le merle.)* Alors, vrai, vous me le donnez pour de vrai ?... C'est la Fée qui sera contente !... Et la Lumière donc !...

GRAND-PAPA TYL. Tu sais, je n'en réponds pas, de l'oiseau... Je crains bien qu'il ne puisse plus s'habituer à la vie agitée de là-haut, et qu'il ne revienne ici par le premier bon vent... Enfin, on verra bien... Laisse-le là, pour l'instant, et viens donc voir la vache...

TYLTYL *(remarquant les ruches)*. Et les abeilles, dis, comment vont-elles ?...

GRAND-PAPA TYL. Mais elles ne vont pas mal... Elles ne vivent plus non plus, comme vous dites là-bas ; mais elles travaillent ferme...

TYLTYL *(s'approchant des ruches)*. Oh oui !... Ça sent le miel !... Les ruches doivent être lourdes !... Toutes les fleurs sont si belles !... Et mes petites sœurs qui sont mortes, sont-elles ici aussi ?...

MYTYL. Et mes trois petits frères qu'on avait enterrés, où sont-ils ?...

A ces mots, sept petits enfants de tailles inégales, en flûte de Pan, sortent un à un de la maison.

GRAND-MAMAN TYL. Les voici, les voici !... Aussitôt qu'on y pense aussitôt qu'on en parle, ils sont là, les gaillards !...

Tyltyl et Mytyl courent au-devant des enfants. On se bouscule, on s'embrasse, on danse, on tourbillonne, on pousse des cris de joie.

TYLTYL. Tiens, Pierrot !... *(Ils se prennent aux cheveux.)* Ah ! nous allons nous battre encore comme dans le temps... Et Robert !... Bonjour, Jean !... Tu n'as plus ta toupie ?... Madeleine et Pierrette, Pauline et puis Riquette...

MYTYL. Oh ! Riquette, Riquette !... Elle marche encore à quatre pattes !...

GRAND-MAMAN TYL. Oui, elle ne grandit plus...

TYLTYL *(remarquant le petit Chien qui jappe autour d'eux).* Voilà Kiki dont j'ai coupé la queue avec les ciseaux de Pauline... Il n'a pas changé non plus...

GRAND-PAPA TYL *(sentencieux).* Non, rien ne change ici...

TYLTYL. Et Pauline a toujours son bouton sur le nez !...

GRAND-MAMAN TYL. Oui, il ne s'en va pas ; il n'y a rien à faire...

TYLTYL. Oh ! qu'ils ont bonne mine, qu'ils sont gras et luisants !... Qu'ils ont de belles joues !... Ils ont l'air bien nourris...

GRAND-MAMAN TYL. Ils se portent bien mieux depuis qu'ils ne vivent plus... Il n'y a plus rien à craindre, on n'est jamais malades, on n'a plus d'inquiétude...

Dans la maison, l'horloge sonne huit heures.

GRAND-MAMAN TYL *(stupéfaite)*. Qu'est-ce que c'est ?...

GRAND-PAPA TYL. Ma foi je ne sais pas... Ce doit être l'horloge...

GRAND-MAMAN TYL. Ce n'est pas possible... Elle ne sonne jamais...

GRAND-PAPA TYL. Parce que nous ne pensons plus à l'heure... Quelqu'un a-t-il pensé à l'heure ?...

TYLTYL. Oui, c'est moi. Quelle heure est-il ?...

GRAND-PAPA TYL. Ma foi je ne sais plus... J'ai perdu l'habitude. Elle a sonné huit coups, ce doit être ce que, là-haut, ils appellent huit heures.

TYLTYL. La Lumière m'attend à neuf heures moins le quart... C'est à cause de la Fée... C'est extrêmement important... Je me sauve...

GRAND-MAMAN TYL. Vous n'allez pas nous quitter ainsi au moment du souper !... Vite, vite, dressons la table devant la porte... J'ai justement une excellente soupe aux choux et une belle tarte aux prunes...

On sort la table, on la dresse devant la porte, on apporte les plats, les assiettes, etc. Tous y aident.

TYLTYL. Ma foi, puisque j'ai l'Oiseau Bleu... Et puis la soupe aux choux, il y a si longtemps !... Depuis que je voyage... On n'a pas ça dans les hôtels...

GRAND-MAMAN TYL. Voilà !... C'est déjà fait... A table, les enfants... Si vous êtes pressés, ne perdons pas de temps...

On a allumé la lampe et servi la soupe. Les grands-parents et les enfants s'assoient autour du repas du soir, parmi des bousculades, des bourrades, des cris et des rires de joie.

TYLTYL *(mangeant gloutonnement)*. Qu'elle est bonne !... Mon Dieu, qu'elle est donc bonne !... J'en veux encore ! encore !...

Il brandit sa cuiller de bois et en frappe bruyamment son assiette.

GRAND-PAPA TYL. Voyons, voyons, un peu de calme… Tu es toujours aussi mal élevé ; et tu vas casser ton assiette…

TYLTYL *(se dressant à demi sur son escabelle).* J'en veux encore, encore !…

Il atteint et attire à soi la soupière qui se renverse et se répand sur la table, et de là sur les genoux des convives. Cris et hurlements d'échaudés.

GRAND-MAMAN TYL. Tu vois !… Je te l'avais bien dit…

GRAND-PAPA TYL *(donnant à Tyltyl une gifle retentissante).* Voilà pour toi !…

TYLTYL *(un instant déconcerté, mettant ensuite la main sur la joue, avec ravissement).* Oh ! oui, c'était comme ça, les claques que tu donnais quand tu étais vivant… Bon-papa, qu'elle est bonne et que ça fait du bien !… Il faut que je t'embrasse !…

GRAND-PAPA TYL. Bon, bon ; il y en a encore si ça te fait plaisir…

La demie de huit heures sonne à l'horloge.

TYLTYL *(sursautant).* Huit heures et demie !… *(Il jette sa cuiller.)* Mytyl, nous n'avons que le temps !…

GRAND-MAMAN TYL. Voyons !… Encore quelques minutes !… Le feu n'est pas à la maison… On se voit si rarement…

TYLTYL. Non, ce n'est pas possible… La Lumière est si bonne… Et je lui ai promis… Allons, Mytyl, allons !…

GRAND-PAPA TYL. Dieu, que les Vivants sont donc contrariants avec toutes leurs affaires et leurs agitations !…

TYLTYL *(prenant sa cage et embrassant tout le monde se hâte et à la ronde).* Adieu, Bon-papa… Adieu, Bonne-maman… Adieu, frères, sœurs, Pierrot, Robert, Jean, Pauline,

Pierrette, Madeleine, Riquette, et toi aussi, Kiki !… Je sens bien que nous ne pouvons plus rester ici… Ne pleure pas, Bonne-maman, nous reviendrons souvent…

GRAND-MAMAN TYL. Revenez tous les jours !…

TYLTYL. Oui, oui ! nous reviendrons le plus souvent possible…

GRAND-MAMAN TYL. C'est notre seule joie, et c'est une telle fête quand votre pensée nous visite !…

GRAND-PAPA TYL. Nous n'avons pas d'autres distractions…

TYLTYL. Vite, vite !… Ma cage !… Mon oiseau !…

GRAND-PAPA TYL *(lui passant la cage)*. Les voici !… Tu sais, je ne garantis rien : et s'il n'est pas bon teint !…

TYLTYL. Adieu ! adieu !…

LES FRÈRES et SŒURS TYL. Adieu, Tyltyl !… Adieu, Mytyl !… Pensez au sucre d'orge !… Adieu !… Revenez !… Revenez !…

Tous agitent des mouchoirs tandis que Tyltyl et Mytyl s'éloignent lentement. Mais déjà, durant les dernières répliques, le brouillard du début s'est graduellement reformé, et le son des voix s'est affaibli, de manière qu'à la fin de la scène, tout a disparu dans la brume et qu'au moment où le rideau baisse, Tyltyl et Mytyl se retrouvent seuls visibles sous le gros chêne.

TYLTYL. C'est par ici Mytyl…

MYTYL. Où est la Lumière ?…

TYLTYL. Je ne sais pas… *(Regardant l'oiseau dans la cage.)* Tiens ! l'oiseau n'est plus bleu !… Il est devenu noir !…

MYTYL. Donne-moi la main, petit frère… J'ai bien peur et bien froid…

Rideau.

ACTE TROISIÈME

QUATRIÈME TABLEAU
LE PALAIS DE LA NUIT

Une vaste et prodigieuse salle d'une magnificence austère, rigide, métallique et sépulcrale, donnant l'impression d'un temple grec ou égyptien, dont les colonnes, les architraves, les dalles, les ornements seraient de marbre noir, d'or et d'ébène. La salle est en forme de trapèze. Des degrés de basalte, qui occupent presque toute sa largeur, la divisent en trois plans successifs qui s'élèvent graduellement vers le fond. A droite et à gauche, entre les colonnes, des portes de bronze sombre. Au fond, porte d'airain monumentale. Une lumière diffuse qui semble émaner de l'état même du marbre et de l'ébène éclaire seule le palais.

Au lever du rideau, la Nuit, sous la figure d'une très belle femme, couverte de longs vêtements noirs, est assise sur les marches du second plan, entre deux enfants, dont l'un, presque nu, comme l'Amour, sourit dans un profond sommeil, tandis que l'autre se tient debout, immobile et voilé des pieds à la tête.
– Entre, à droite, au premier plan, la Chatte.

LA NUIT. Qui va là ?...

LA CHATTE *(se laissant choir avec accablement sur les degrés de marbre).* C'est moi, mère la Nuit... Je n'en peux plus...

LA NUIT. Qu'as-tu donc, mon enfant ?... Tu es pâle, amaigrie et te voilà crottée jusqu'aux moustaches... Tu t'es encore battue dans les gouttières, sous la neige et la pluie ?...

LA CHATTE. Il est bien question de gouttières !... C'est de notre secret qu'il s'agit !... C'est le commencement de la fin !... J'ai pu m'échapper un instant pour vous prévenir ; mais je crains bien qu'il n'y ait rien à faire...

LA NUIT. Quoi ?... Qu'est-il donc arrivé ?...

LA CHATTE. Je vous ai déjà parlé du petit Tyltyl, le fils du bûcheron, et du Diamant merveilleux... Eh bien, il vient ici pour vous réclamer l'Oiseau Bleu...

LA NUIT. Il ne le tient pas encore...

LA CHATTE. Il le tiendra bientôt, si nous ne faisons pas quelque miracle... Voici ce qui se passe : la Lumière qui le guide et qui nous trahit tous, car elle s'est mise entièrement du parti de l'Homme, la Lumière vient d'apprendre que l'Oiseau Bleu, le vrai, le seul qui puisse vivre à la clarté du jour, se cache ici, parmi les oiseaux bleus des songes qui se nourrissent des rayons de lune et meurent dès qu'ils voient le soleil... Elle sait qu'il lui est interdit de franchir le seuil de votre palais ; mais elle y envoie les enfants ; et comme vous ne pouvez pas empêcher l'Homme d'ouvrir les portes de vos secrets, je ne sais trop comment tout cela finira... En tout cas, s'ils avaient le malheur de mettre la main sur le véritable Oiseau Bleu, nous n'aurions plus qu'à disparaître...

LA NUIT. Seigneur, Seigneur !... En quels temps vivons-nous ! Je n'ai plus une minute de repos... Je ne comprends plus l'Homme, depuis quelques années... Où veut-il en venir ?... Il faut donc qu'il sache tout ?... Il a déjà saisi le tiers de mes Mystères, toutes mes Terreurs ont peur et n'osent plus sortir, mes Fantômes sont en fuite, la plupart de mes Maladies ne se portent pas bien...

LA CHATTE. Je sais, ma mère la Nuit, Je sais, les temps sont durs, et nous sommes presque seules à lutter contre l'Homme... Mais je les entends qui s'approchent... Je ne vois qu'un moyen : comme ce sont des enfants, il faut leur faire une telle peur qu'ils n'oseront pas insister ni ouvrir la grande porte du fond, derrière laquelle se trouvent les oiseaux de la lune... Les secrets des autres cavernes suffiront à détourner leur attention ou à les terrifier...

LA NUIT *(prêtant l'oreille à un bruit du dehors).* Qu'est-ce que j'entends ?... Ils sont donc plusieurs ?

LA CHATTE. Ce n'est rien ; ce sont nos amis : le Pain et le Sucre ; l'Eau est indisposée et le Feu n'a pu venir, parce qu'il est parent de la Lumière... Il n'y a que le Chien qui ne soit pas pour nous ; mais il n'y a jamais moyen de l'écarter...

Entrent timidement à droite, au premier plan, Tyltyl, Mytyl, le Pain, le Sucre et le Chien.

LA CHATTE *(se précipitant au-devant de Tyltyl).* Par ici, par ici, mon petit maître... J'ai prévenu la Nuit qui est enchantée de vous recevoir... Il faut l'excuser, elle est un peu souffrante ; c'est pourquoi elle n'a pu aller au-devant de vous...

TYLTYL. Bonjour, madame la Nuit...

LA NUIT *(froissée).* Bonjour ? Je ne connais pas ça... Tu pourrais bien me dire : bonne nuit, ou tout au moins : bonsoir...

TYLTYL *(mortifié).* Pardon, madame... Je ne savais pas. *(Montrant du doigt les deux enfants.)* Ce sont vos deux petits garçons ?... Ils sont bien gentils...

LA NUIT. Oui, voici le Sommeil...

TYLTYL. Pourquoi qu'il est si gros ?...

LA NUIT. C'est parce qu'il dort bien...

TYLTYL. Et l'autre qui se cache ?... Pourquoi qu'il se voile la figure ?... Est-ce qu'il est malade ?... Comment c'est qu'il se nomme ?...

LA NUIT. C'est la sœur du Sommeil... Il vaut mieux ne pas la nommer...

TYLTYL. Pourquoi ?...

LA NUIT. Parce que c'est un nom qu'on n'aime pas à entendre... Mais parlons d'autre chose... La Chatte vient de me dire que vous venez ici pour chercher l'Oiseau Bleu ?…

TYLTYL. Oui, madame, si vous le permettez… Voulez-vous me dire où il est ?…

LA NUIT. Je n'en sais rien, mon petit ami… Tout ce que je puis affirmer, c'est qu'il n'est pas ici… Je ne l'ai jamais vu…

TYLTYL. Si, si… La Lumière m'a dit qu'il est ici ; et elle sait ce qu'elle dit, la Lumière… Voulez-vous me remettre vos clefs ?…

LA NUIT. Mais, mon petit ami, tu comprends bien que je ne puis donner ainsi mes clefs au premier venu… J'ai la garde de tous les secrets de la Nature j'en suis responsable et il m'est absolument défendu de les livrer à qui que ce soit, surtout à un enfant…

TYLTYL. Vous n'avez pas le droit le les refuser à l'Homme qui les demande… je le sais…

LA NUIT. Qui te l'a dit ?…

TYLTYL. La Lumière…

LA NUIT. Encore la Lumière ! et toujours la Lumière !… De quoi se mêle-t-elle à la fin ?…

LE CHIEN. Veux-tu que je les lui prenne de force, mon petit dieu ?…

TYLTYL. Tais-toi, tiens-toi tranquille et tâche d'être poli… *(A la Nuit.)* Voyons, madame, donnez-moi vos clefs, s'il vous plaît…

LA NUIT. As-tu le signe, au moins ?… Où est-il ?…

TYLTYL *(touchant son chapeau)*. Voyez le Diamant…

LA NUIT *(se résignant à l'inévitable)*. Enfin… Voici celle qui ouvre toutes les portes de la salle… Tant pis pour toi s'il t'arrive malheur… Je ne réponds de rien.

LE PAIN *(fort inquiet)*. Est-ce que c'est dangereux ?…

LA NUIT. Dangereux... C'est-à-dire que moi-même je ne sais trop comment je pourrai m'en tirer, lorsque certaines de ces portes de bronze s'ouvriront sur l'abîme... Il y a là, tout autour de la salle, dans chacune de ces cavernes de basalte, tous les maux, tous les fléaux, toutes les maladies, toutes les épouvantes, toutes les catastrophes, tous les mystères qui affligent la vie depuis le commencement du monde... J'ai eu assez de mal à les enfermer avec l'aide du Destin ; et ce n'est pas sans peine, je vous assure, que je maintiens un peu d'ordre parmi ces personnages indisciplinés... On voit ce qu'il arrive lorsque l'un d'eux s'échappe et se montre sur terre...

LE PAIN. Mon grand âge, mon expérience et mon dévouement font de moi le protecteur naturel de ces deux enfants ; c'est pourquoi, madame la Nuit, permettez-moi de vous poser une question...

LA NUIT. Faites...

LE PAIN. En cas de danger, par où faut-il fuir ?...

LA NUIT. Il n'y a pas de moyen de fuir.

TYLTYL *(prenant la clef et montant les premières marches).* Commençons par ici... Qu'y a-t-il derrière cette porte de bronze ?...

LA NUIT. Je crois que ce sont les Fantômes... Il y a bien longtemps que je l'ai ouverte et qu'ils ne sont sortis...

TYLTYL *(mettant la clef dans la serrure).* Je vais voir... *(Au Pain.)* Avez-vous la cage de l'Oiseau Bleu ?...

LE PAIN *(claquant des dents).* Ce n'est pas que j'ai peur, mais ne croyez-vous pas qu'il serait préférable de ne pas ouvrir et de regarder par le trou de la serrure ?...

TYLTYL. Je ne vous demande pas votre avis...

MYTYL *(se mettant à pleurer tout à coup).* J'ai peur !... Où est le Sucre ?... Je veux rentrer à la maison !...

LE SUCRE *(empressé, obséquieux).* Ici, mademoiselle, je suis ici... Ne pleurez pas. Je vais couper un de mes doigts pour vous offrir un sucre d'orge...

TYLTYL. Finissons-en…

Il tourne la clef et entrouvre prudemment la porte. Aussitôt s'échappent cinq ou six Spectres de formes diverses et étranges qui se répandent de tous côtés. Le Pain épouvanté jette la cage et va se cacher au fond de la salle, pendant que la Nuit, pourchassant les Spectres, crie à Tyltyl :

LA NUIT. Vite ! vite !… Ferme la porte !… Ils s'échapperaient tous et nous ne pourrions plus les rattraper !… Ils s'ennuient là-dedans, depuis que l'Homme ne les prend plus au sérieux… *(Elle pourchasse les Spectres en s'efforçant, à l'aide d'un fouet formé de serpents, de les ramener vers la porte de leur prison.)* Aidez-moi !… Par ici !… Par ici !…

TYLTYL *(au Chien)*. Aide-la, Tylô, vas-y donc !…

LE CHIEN *(bondissant en aboyant)*. Oui ! oui ! oui !…

TYLTYL. Et le Pain, où est-il ?…

LE PAIN *(du fond de la salle)*. Ici… Je suis près de la porte pour les empêcher de sortir…

Comme un des Spectres s'avance de ce côté, il fuit à toutes jambes, en poussant des hurlements d'épouvante.

LA NUIT *(à trois Spectres qu'elle a pris au collet)*. Par ici, vous autres !… *(A Tyltyl.)* Rouvre un peu la porte… *(Elle pousse les Spectres dans la caverne.)* Là, ça va bien… *(Le Chien en ramène deux autres.)* Et encore ceux-ci… Voyons, vite, rangez-vous… Vous savez bien que vous ne sortez plus qu'à la Toussaint.

Elle referme la porte.

TYLTYL *(allant à une autre porte)*. Qu'y a-t-il derrière celle-ci ?…

LA NUIT. A quoi bon ?… Je te l'ai déjà dit, l'Oiseau Bleu n'est jamais venu par ici… Enfin, comme tu voudras… Ouvre-la si ça te fait plaisir… Ce sont les Maladies…

TYLTYL *(la clef dans la serrure)*. Est-ce qu'il faut prendre garde en ouvrant ?...

LA NUIT. Non, ce n'est pas la peine... Elles sont bien tranquilles, les pauvres petites... Elles ne sont pas heureuses... L'Homme, depuis quelque temps, leur fait une telle guerre !... Surtout depuis la découverte des microbes... Ouvre donc, tu verras...

Tyltyl ouvre la porte toute grande. Rien ne paraît.

TYLTYL. Elles ne sortent pas ?...

LA NUIT. Je t'avais prévenu, presque toutes sont souffrantes et bien découragées... Les médecins ne sont pas gentils pour elles... Entre donc un instant, tu verras...Tyltyl entre dans la caverne et ressort aussitôt après.

TYLTYL. L'Oiseau Bleu n'y est pas... Elles ont l'air bien malades, vos Maladies... Elles n'ont même pas levé la tête... *(Une petite Maladie, en pantoufles, robe de chambre et bonnet de coton, s'échappe de la caverne et se met à gambader dans la salle.)* Tiens !... Une petite qui s'évade !... Qu'est-ce que c'est ?...

LA NUIT. Ce n'est rien, c'est la plus petite, c'est le Rhume de cerveau... C'est une de celles qu'on persécute le moins et qui se porte le mieux... *(Appelant le Rhume de cerveau.)* Viens ici, ma petite... C'est trop tôt ; il faut attendre le printemps...

Le Rhume de cerveau, éternuant, toussant et se mouchant, rentre dans la caverne dont Tyltyl referme la porte.

TYLTYL *(allant à la porte voisine)*. Voyons donc celle-ci... Qu'est-ce que c'est ?...

LA NUIT. Prends garde... Ce sont les Guerres... Elles sont plus terribles et plus puissantes que jamais... Dieu sait ce qui arriverait si l'une d'elles s'échappait !... Heureusement, elles sont assez obèses et manquent d'agilité... Mais tenons-nous prêts à repousser la porte tous ensemble, pendant que tu jetteras un rapide coup d'œil dans la caverne...

Tyltyl, avec mille précautions, entrebâille la porte de manière qu'il n'y ait qu'une petite fente où il puisse appliquer l'œil. Aussitôt, il s'arc-boute en criant :

TYLTYL. Vite ! vite !... Poussez donc !... Elles m'ont vu !... Elles viennent toutes !... Elles ouvrent la porte !...

LA NUIT. Allons, tous !... Poussez ferme !... Voyons, le Pain, que faites-vous ?... Poussez tous !... Elles ont une force !... Ah ! voilà ! Ça y est... Elles cèdent... Il était temps !... As-tu vu ?...

TYLTYL. Oui, oui !... Elles sont énormes, épouvantables !... Je crois quelles n'ont pas l'Oiseau Bleu...

LA NUIT. Bien sûr qu'elles ne l'ont point... Elles le mangeraient tout de suite... Eh bien, en as-tu assez ?... Tu vois bien qu'il n'y a rien à faire...

TYLTYL. Il faut que je voie tout... La Lumière l'a dit...

LA NUIT. La Lumière l'a dit... C'est facile à dire quand on a peur et qu'on reste chez soi...

TYLTYL. Allons à la suivante... Qu'est-ce ?...

LA NUIT. Ici, j'enferme les Ténèbres et les Terreurs.

TYLTYL. Est-ce qu'on peut ouvrir ?...

LA NUIT. Parfaitement... Elles sont assez tranquilles ; c'est comme les Maladies...

TYLTYL *(entrouvrant la porte avec une certaine méfiance et risquant un regard dans la caverne).* Elles n'y sont pas...

LA NUIT *(regardant à son tour dans la caverne).* Eh bien, les Ténèbres, que faites-vous ?... Sortez donc un instant, ça vous fera du bien, ça vous dégourdira. Et les Terreurs aussi... Il n'y a rien à craindre... *(Quelques Ténèbres et quelques Terreurs, sous la figure de femmes couvertes, les premières de voiles noirs, les dernières de voiles verdâtres, risquent piteusement quelques pas hors de la caverne, et, sur un geste qu'ébauche Tyltyl, rentrent précipitamment.)*

Voyons, tenez-vous donc… C'est un enfant, il ne vous fera pas de mal… *(A Tyltyl.)* Elles sont devenues extrêmement timides ; excepté les grandes, celles que tu vois au fond…

TYLTYL *(regardant vers le fond de la caverne).* Oh ! qu'elles sont effrayantes !…

LA NUIT. Elles sont enchaînées… Ce sont les seules qui n'aient pas peur de l'Homme… Mais referme la porte, de crainte qu'elles ne se fâchent…

TYLTYL *(allant à la porte suivante).* Tiens !… Celle-ci est plus sombre… Qu'est-ce que c'est ?…

LA NUIT. Il y a plusieurs Mystères derrière celle-ci… Si tu y tiens absolument, tu peux l'ouvrir aussi… Mais n'entre pas… Sois bien prudent, et puis préparons-nous à repousser la porte, comme nous avons fait pour les Guerres…

TYLTYL *(entrouvrant avec des précautions inouïes, et passant craintivement la tête dans l'entrebâillement).* Oh !… Quel froid !… Mes yeux cuisent !… Fermez vite !… poussez donc ! On repousse !… *(La Nuit, le Chien, la Chatte et le Sucre repoussent la porte.)* Oh ! j'ai vu !…

LA NUIT. Quoi donc ?…

TYLTYL *(bouleversé).* Je ne sais pas, c'était épouvantable !… Ils étaient tous assis comme des monstres sans yeux… Quel était le géant qui voulait me saisir ?

LA NUIT. C'est probablement le Silence ; il a la garde de cette porte… Il paraît que c'était effrayant ?… Tu en es encore tout pâle et tout tremblant…

TYLTYL. Oui, je n'aurais pas cru… Je n'avais jamais vu… Et j'ai les mains gelées…

LA NUIT. Ce sera bien pis tout à l'heure si tu continues…

TYLTYL *(allant à la porte suivante).* Et celle-ci ?… Est-elle aussi terrible ?…

LA NUIT. Non, il y a un peu de tout… J'y mets les Etoiles sans emploi, mes Parfums personnels, quelques Lueurs qui m'appartiennent, telles que feux follets, vers luisants, lucioles ; on y serre aussi la Rosée, le Chant des Rossignols, etc.

TYLTYL. Justement, les Etoiles, le Chant des Rossignols... Ce doit être celle-là.

LA NUIT. Ouvre donc si tu veux ; tout cela n'est pas bien méchant...

Tyltyl ouvre la porte toute grande. Aussitôt les Etoiles, sous la forme de belles jeunes filles voilées de lueurs versicolores, s'échappent de leur prison, se répandent dans la salle et forment sur les marches et autour des colonnes de gracieuses rondes baignées d'une sorte de lumineuse pénombre. Les Parfums de la Nuit, presque invisibles, les Feux follets, les Lucioles, la Rosée transparente se joignent à elles, cependant que le Chant des Rossignols, sortant à flots de la caverne, inonde le palais nocturne.

MYTYL *(ravie, battant des mains)*. Oh ! les jolies madames !...

TYLTYL. Et qu'elles dansent bien !...

MYTYL. Et qu'elles sentent bon !...

TYLTYL. Et qu'elles chantent bien !...

MYTYL. Qu'est-ce que c'est, ceux-là, qu'on ne voit presque pas ?...

LA NUIT. Ce sont les Parfums de mon ombre...

TYLTYL. Et les autres, là-bas, qui sont en verre filé ?...

LA NUIT. C'est la Rosée des forêts et des plaines... Mais en voilà assez... Ils n'en finiraient pas... C'est le diable de les faire rentrer une fois qu'ils se sont mis à danser... *(Frappant dans ses mains.)* Allons, vite, les Etoiles !... Ce n'est pas le moment de danser... Le ciel est couvert, il y a de gros nuages... Allons, vite, rentrez tous, sinon j'irai chercher un rayon de soleil...

Fuite épouvantée des Etoiles, Parfums, etc., qui se précipitent dans la caverne que l'on referme sur eux. En même temps s'éteint le Chant des Rossignols.

TYLTYL *(allant à la porte du fond)*. Voici la grande porte du milieu…

LA NUIT *(gravement)*. N'ouvre pas celle-ci…

TYLTYL. Pourquoi ?…

LA NUIT. Parce que c'est défendu…

TYLTYL. C'est donc là que se cache l'Oiseau Bleu ; la Lumière me l'a dit…

LA NUIT *(maternelle)*. Ecoute-moi, mon enfant… J'ai été bonne et complaisante… J'ai fait pour toi ce que je n'avais fait jusqu'ici pour personne… Je t'ai livré tous mes secrets… Je t'aime bien j'ai pitié de ta jeunesse et de ton innocence et je te parle comme une mère… Ecoute-moi et crois-moi, mon enfant, renonce, ne va point plus avant, ne tente pas le Destin, n'ouvre pas cette porte…

TYLTYL *(assez ébranlé)*. Mais pourquoi ?…

LA NUIT. Parce que je ne veux pas que tu te perdes… Parce que nul de ceux, entends-tu, nul de ceux qui l'ont entrouverte, ne fût-ce que de l'épaisseur d'un cheveu, n'est revenu vivant à la lumière du jour… Parce que tout ce qu'on peut imaginer d'épouvantable, parce que toutes les terreurs, toutes les horreurs dont on parle sur terre, ne sont rien, comparées à la plus innocente de celles qui assaillent un homme dès que son œil effleure les premières menaces de l'abîme auquel personne n'ose donner un nom… C'est au point que moi-même, si tu t'obstines, malgré tout, à toucher cette porte, je te demanderai d'attendre que je sois à l'abri dans ma tour sans fenêtres… Maintenant c'est à toi de savoir, à toi de réfléchir…

Mytyl, tout en larmes, pousse des cris de terreur inarticulés et cherche à entraîner Tyltyl.

LE PAIN *(claquant des dents)*. Ne le faites pas, mon petit maître !... *(Se jetant à genoux.)* Ayez pitié de nous !... Je vous le demande à genoux... Vous voyez que la Nuit a raison...

LA CHATTE. C'est notre vie à tous que vous sacrifiez...

TYLTYL. Je dois l'ouvrir...

MYTYL *(trépignant parmi des sanglots)*. Je ne veux pas !... Je ne veux pas !...

TYLTYL. Que le Sucre et le Pain prennent Mytyl par la main et se sauvent avec elle... Je vais ouvrir...

LA NUIT. Sauve qui peut !... Venez vite !... Il est temps !...

Elle fuit.

LE PAIN *(fuyant éperdument)*. Attendez au moins que nous soyons au bout de la salle !...

LA CHATTE *(fuyant également)*. Attendez !... attendez !...

Ils se cachent derrière les colonnes à l'autre bout de la salle. Tyltyl reste seul avec le Chien, près de la porte monumentale.

LE CHIEN *(haletant et hoquetant d'épouvante contenue)*. Moi, je reste, je reste... Je n'ai pas peur... Je reste !... Je reste près de mon petit dieu... Je reste !... Je reste...

TYLTYL *(caressant le Chien)*. C'est bien, Tylô, c'est bien !... Embrasse-moi... Nous sommes deux... Maintenant gare à nous !... *(Il met la clef dans la serrure. Un cri d'épouvante part de l'autre bout de la salle où se sont réfugiés les fuyards. A peine la clef a-t-elle touché la porte que les hauts battants de celle-ci s'ouvrent par le milieu, glissent latéralement et disparaissent, à droite et à gauche, dans l'épaisseur des murs, découvrant tout à coup, irréel, infini, ineffable, le plus inattendu des jardins de rêve et de lumière nocturne, où, parmi les étoiles et les planètes, illuminant tout ce qu'ils touchent, volant sans cesse de pierrerie en pierrerie, de rayon de lune en rayon de lune, de féeriques oiseaux bleus évoluent perpétuellement et harmonieusement jusqu'aux confins de l'horizon, innombrables au point qu'ils semblent être le souffle, l'atmosphère azurée, la substance même du jardin merveilleux. – Tyltyl, ébloui, éperdu, debout dans la lumière du jardin :)* Oh !... le ciel !... *(Se tournant vers ceux qui ont fui.)* Venez vite !... Ils sont là !... C'est eux ! c'est eux !... Nous les tenons enfin ! Des milliers d'oiseaux bleus ! Des millions !... Des milliards !... Il y en aura trop !... Viens, Mytyl !... Viens, Tylô !... Venez tous !... Aidez-moi !... *(S'élançant parmi les oiseaux.)* On les prend à pleines mains !... Ils ne sont pas farouches !... Ils n'ont pas peur de nous !... Par ici ! par ici !... *(Mytyl et les autres accourent. Ils entrent tous dans le jardin éblouissant, hormis la Nuit et la Chatte.)* Vous voyez !... Ils sont trop !... Ils viennent dans mes mains !... Regardez donc, ils mangent les rayons de la lune !... Mytyl, où donc es-tu ?... Il y en a tant d'ailes bleues, tant de plumes qui tombent qu'on n'y voit plus du tout !... Tylô ! ne les mords pas... Ne leur fais pas de mal !... Prends-les très doucement !

MYTYL *(enveloppée d'oiseaux bleus).* J'en ai déjà pris sept !... Oh ! qu'ils battent des ailes !... Je ne puis les tenir !...

TYLTYL. Moi non plus !... J'en ai trop !... Ils s'échappent !... Ils reviennent ! Tylô en a aussi !... Ils vont nous entraîner !... nous porter dans le ciel !... Viens, sortons par ici !... La Lumière nous attend !... Elle sera contente !... Par ici, par ici !...

Il s'évadent du jardin, les mains pleines d'oiseaux qui se débattent, et, traversant toute la salle parmi l'affolement des ailes azurées, surtout à droite, par où ils sont entrés, suivis du Pain et du Sucre qui n'ont pas pris d'oiseaux. – Restés seuls, la Nuit et la Chatte remontent vers le fond et regardent anxieusement dans le jardin.

LA NUIT. Ils ne l'ont pas ?...

LA CHATTE. Non... Je le vois là sur ce rayon de lune... Ils n'ont pas pu l'atteindre, il se tenait trop haut...

Le rideau tombe. Aussitôt après, devant le rideau tombé, entrent simultanément, à gauche la Lumière, à droite Tyltyl, Mytyl et le Chien, accourant tout couverts des oiseaux qu'ils viennent de capturer. Mais déjà ceux-ci paraissent inanimés et, la tête pendante et les ailes brisées, ne sont plus dans leurs mains que d'inertes dépouilles.

LA LUMIÈRE. Eh bien, l'avez-vous pris ?...

TYLTYL. Oui, oui !... Tant qu'on voulait... Il y en a des milliers !... Les voici !... Les vois-tu ?... *(Regardant les oiseaux qu'il tend vers la Lumière et s'apercevant qu'ils sont morts.)* Tiens !... Ils ne vivent plus... Qu'est-ce qu'on leur a fait ?... Les tiens aussi, Mytyl ?... Ceux de Tylô aussi. *(Jetant avec colère les cadavres d'oiseaux.)* Ah ! non, c'est trop vilain !... Qui est-ce qui les a tués ?... Je suis trop malheureux !...

Il se cache la tête sous le bras et paraît tout secoué de sanglots.

LA LUMIÈRE *(le serrant maternellement dans ses bras).* Ne pleure pas, mon enfant... Tu n'as pas pris celui qui peut vivre en plein jour... Il est allé ailleurs... Nous le retrouverons...

LE CHIEN *(regardant les oiseaux morts).* Est-ce qu'on peut les manger ?...

Ils sortent tous à gauche.

CINQUIÈME TABLEAU
LA FORÊT

Une forêt. – Il fait nuit. – Clair de lune. – Vieux arbres de diverses espèces, notamment : un chêne, un hêtre, un orme, un peuplier, un sapin, un cyprès, un tilleul, un marronnier, etc.

Entre la Chatte.

LA CHATTE *(saluant les arbres à la ronde).* Salut à tous les arbres !...

MURMURE DES FEUILLAGES. Salut !...

LA CHATTE. C'est un grand jour que ce jour-ci ! Notre ennemi vient délivrer vos énergies et se livrer lui-même... C'est Tyltyl, le fils du bûcheron qui vous fait tant de mal... Il cherche l'Oiseau Bleu que vous cachez à l'Homme depuis le commencement du monde, et qui sait seul notre secret... *(Murmure dans les feuilles.)* Vous dites ?... Ah ! c'est le Peuplier qui parle... Oui, il possède un Diamant qui a la vertu de délivrer un instant nos esprits ; il peut nous forcer à livrer l'Oiseau Bleu, et nous serons dès lors, définitivement, à la merci de l'Homme... *(Murmure dans les feuilles.)* Qui parle ?... Tiens ! c'est le Chêne... Comment allez-vous ?... *(Murmure dans les feuilles du Chêne.)* Toujours enrhumé ?... La Réglisse ne vous soigne plus ?... Toujours les rhumatismes ?... Croyez-moi, c'est à cause de la mousse ; vous en mettez trop sur vos pieds... L'Oiseau Bleu est toujours chez vous ?... *(Murmure dans les feuilles du Chêne.)* Vous dites ?... Oui, il n'y a pas à hésiter, il faut en profiter, il faut qu'il disparaisse... *(Murmure dans les feuilles.)* Plaît-il ?... Oui, il est avec sa petite sœur ; il faut qu'elle meure aussi... *(Murmure dans les feuilles.)* Oui, le Chien les accompagne ; il n'y a pas moyen de l'éloigner... *(Murmure dans les feuilles.)* Vous dites ?... Le corrompre ?... Impossible... J'ai essayé de tout... *(Murmure parmi les feuilles.)* Ah ! c'est toi, le Sapin ?... Oui, prépare quatre planches... Oui, il y a encore le Feu, le Sucre, l'Eau, le Pain... Ils sont tous avec nous, excepté le Pain qui est assez douteux... Seule la Lumière est favorable à l'Homme ; mais elle ne viendra pas... j'ai fait croire aux petits qu'ils devaient s'échapper en cachette pendant qu'elle dormait... L'occasion est unique... *(Murmure dans les feuilles.)* Tiens ! c'est la voix du Hêtre !... Oui, vous avez raison ; il faut que l'on prévienne les Animaux... Le Lapin a-t-il son tambour ?... Il est chez vous ?... Bien, qu'il batte le rappel, tout de suite... Les voici !...

On entend s'éloigner les roulements de tambour du Lapin. – Entrent Tyltyl, Mytyl et le Chien.

TYLTYL. C'est ici ?...

LA CHATTE *(obséquieuse, doucereuse, empressée, se précipitant au-devant des enfants).* Ah ! vous voilà, mon petit maître !... Que vous avez bonne mine et que vous êtes joli, ce soir !... Je vous ai précédé pour annoncer votre arrivée... Tout va bien. Cette fois nous tenons l'Oiseau Bleu, j'en suis sûre... Je viens d'envoyer le Lapin battre le rappel afin de convoquer les principaux Animaux du pays... On les entend déjà dans le feuillage... Ecoutez !... Ils sont un peu timides et n'osent approcher... *(Bruits d'animaux divers, tels que vaches, porcs, chevaux, ânes, etc. – Bas à Tyltyl, le prenant à part.)* Mais pourquoi avez-vous amené le Chien ?... Je vous l'ai déjà dit, il est au plus mal avec tout le monde, même avec les arbres... Je crains bien que sa présence odieuse ne fasse tout manquer.

TYLTYL. Je n'ai pu m'en débarrasser... *(Au Chien, le menaçant.)* Veux-tu bien t'en aller, vilaine bête !...

LE CHIEN. Qui ?... Moi ?... Pourquoi ?... Qu'est-ce que j'ai fait ?...

TYLTYL. Je te dis de t'en aller !... On n'a que faire de toi, c'est bien simple... Tu nous embêtes à la fin !...

LE CHIEN. Je ne dirai rien... Je suivrai de loin... On ne me verra pas... Veux-tu que je fasse le beau ?...

LA CHATTE *(bas, à Tyltyl).* Vous tolérez pareille désobéissance ?... Donnez-lui donc quelques coups de bâton sur le nez, il est vraiment insupportable !...

TYLTYL *(battant le Chien).* Voilà qui t'apprendra à obéir plus vite !...

LE CHIEN *(hurlant).* Aïe ! Aïe ! Aïe !...

TYLTYL. Qu'en dis-tu ?...

LE CHIEN. Il faut que je t'embrasse puisque tu m'as battu !...

Il embrasse et caresse violemment Tyltyl.

TYLTYL. Voyons… C'est bien… Ça suffit… Va-t'en !…

MYTYL. Non, non ; je veux qu'il reste… J'ai peur de tout quand il n'est pas là…

LE CHIEN *(bondissant et renversant presque Mytyl, qu'il accable de caresses précipitées et enthousiastes).* Oh ! la bonne petite fille !… Qu'elle est belle ! Qu'elle est bonne !… Qu'elle est belle, qu'elle est douce !… Il faut que je l'embrasse ! Encore ! encore ! encore !…

LA CHATTE. Quel idiot !… Ma foi, nous verrons bien… Ne perdons pas de temps… Tournez le Diamant…

TYLTYL. Où faut-il me placer ?

LA CHATTE. Dans ce rayon de lune ; vous y verrez plus clair… Là ! tournez doucement…

Tyltyl tourne le Diamant ; aussitôt un long frémissement agite les branches et les feuilles. Les troncs les plus anciens et les plus imposants s'entrouvrent pour livrer passage à l'âme que chacun d'eux renferme. L'aspect de ces âmes diffère suivant l'aspect et le caractère de l'arbre qu'elles représentent. Celle de l'Orme, par exemple, est une sorte de gnome poussif, ventru, bourru ; celle du Tilleul est placide, familière, joviale ; celle du Hêtre, élégante et agile ; celle du Bouleau, blanche, réservée, inquiète ; celle du Saule, rabougrie, échevelée, plaintive ; celle du Sapin, longue, efflanquée, taciturne ; celle du Cyprès, tragique ; celle du Marronnier, prétentieuse, un peu snob ; celle du Peuplier, allègre, encombrante, bavarde. Les unes sortent lentement de leur tronc, engourdies, s'étirant, comme après une captivité ou un sommeil séculaire, les autres s'en dégagent d'un bond, alertes, empressées, et toutes viennent se ranger autour des deux enfants, tout en se tenant autant que possible à proximité de l'arbre dont elles sont nées.

LE PEUPLIER *(accourant le premier et criant à tue-tête).* Des Hommes !… De petits Hommes !… On pourra leur parler !… C'est fini le Silence !… C'est fini !… D'où viennent-ils ?… Qui est-ce ?… Qui sont-ils ?… *(Au Tilleul qui s'avance en fumant tranquillement sa pipe.)* Les connais-tu, toi, père Tilleul ?…

LE TILLEUL. Je ne me rappelle pas les avoir vus…

LE PEUPLIER. Mais si, voyons, mais si !… Tu connais tous les Hommes, tu es toujours à te promener autour de leurs maisons…

LE TILLEUL *(examinant les enfants)*. Mais non, je vous assure… Je ne les connais pas… Ils sont encore trop jeunes… Je ne connais bien que les amoureux qui viennent me voir au clair de lune ; ou les buveurs de bière qui trinquent sous mes branches…

LE MARRONNIER *(pincé, ajustant son monocle)*. Qu'est-ce que c'est que ça ?… C'est des pauvres de la campagne ?…

LE PEUPLIER. Oh ! vous, monsieur le Marronnier depuis que vous ne fréquentez plus que les boulevards des grandes villes…

LE SAULE *(s'avançant en sabots et geignard)*. Mon Dieu, mon Dieu !… Ils viennent encore me couper la tête et les bras pour en faire des fagots !…

LE PEUPLIER. Silence !… Voici le Chêne qui sort de son palais !… Il a l'air bien souffrant ce soir… Ne trouvez-vous pas qu'il vieillit ?… Quel âge peut-il avoir ?… Le Sapin dit qu'il a quatre mille ans ; mais je suis sûr qu'il exagère… Attention, il va nous dire ce que c'est…

Le Chêne s'avance lentement. Il est fabuleusement vieux, couronné de gui et vêtu d'une longue robe verte brodée de mousse et de lichen. Il est aveugle, sa barbe blanche flotte au vent. Il s'appuie d'une main sur un bâton noueux et de l'autre sur un jeune Chêneau qui lui sert de guide. L'Oiseau Bleu est perché sur son épaule. A son approche, mouvement de respect parmi les arbres qui se rangent et s'inclinent.

TYLTYL. Il a l'Oiseau Bleu !… Vite ! vite !… Par ici !… Donnez-le-moi !…

LES ARBRES. Silence !…

LA CHATTE *(à Tyltyl)*. Découvrez-vous, c'est le Chêne !…

LE CHÊNE *(à Tyltyl)*. Qui es tu ?…

TYLTYL. Tyltyl, monsieur… Quand est-ce que je pourrai prendre l'Oiseau Bleu ?…

LE CHÊNE. Tyltyl, le fils du bûcheron ?…

TYLTYL. Oui, monsieur…

LE CHÊNE. Ton père nous a fait bien du mal… Dans ma seule famille il a mis à mort six cents de mes fils, quatre cent soixante-quinze oncles et tantes, douze cents cousins et cousines, trois cent quatre-vingts brus et douze mille arrière-petits-fils !…

TYLTYL. Je ne sais pas, monsieur… Il ne l'a pas fait exprès.

LE CHÊNE. Que viens-tu faire ici, et pourquoi as-tu fait sortir nos âmes de leurs demeures ?…

TYLTYL. Monsieur je vous demande pardon de vous avoir dérangé… C'est la Chatte qui m'a dit que vous alliez nous dire où se trouve l'Oiseau Bleu…

LE CHÊNE. Oui, je sais, tu cherches l'Oiseau Bleu, c'est-à-dire le grand secret des choses et du bonheur pour que les Hommes rendent plus dur encore notre esclavage.

TYLTYL. Mais non, monsieur ; c'est pour la petite fille de la Fée Bérylune qui est très malade…

LE CHÊNE *(lui imposant silence)*. Il suffit !… Je n'entends pas les Animaux… Où sont-ils ?… Tout ceci les intéresse autant que nous… Il ne faut pas que nous, les Arbres, assumions seuls la responsabilité des mesures graves qui s'imposent… Le jour où les Hommes apprendront que nous avons fait ce que nous allons faire, il y aura d'horribles représailles. Il convient donc que notre accord soit unanime, pour que notre silence le soit également…

LE SAPIN *(regardant par-dessus les autres arbres)*. Les Animaux arrivent… Ils suivent le Lapin… Voici l'âme du

Cheval, du Taureau, du Bœuf, de la Vache, du Loup, du Mouton, du Porc, du Coq, de la Chèvre, de l'Ane et de l'Ours…

Entrée successive des âmes des Animaux qui, à mesure que les énumère le Sapin, s'avancent et vont s'asseoir entre les arbres, à l'exception de l'âme de la Chèvre qui vagabonde çà et là, et de celle du Porc qui fouille les racines.

LE CHÊNE. Tous sont-ils ici présents ?…

LE LAPIN. La Poule ne pouvait pas abandonner ses œufs, le Lièvre faisait des courses, le Cerf a mal aux cornes, le Renard est souffrant – voici le certificat du médecin, l'Oie n'a pas compris et le Dindon s'est mis en colère…

LE CHÊNE. Ces abstentions sont extrêmement regrettables… Néanmoins, nous sommes en nombre suffisant… Vous savez, mes frères, de quoi il est question. L'enfant que voici, grâce à un talisman dérobé aux puissances de la Terre, peut s'emparer de notre Oiseau Bleu, et nous arracher ainsi le secret que nous gardons depuis l'origine de la Vie… Or, nous connaissons assez l'Homme pour n'avoir aucun doute sur le sort qu'il nous réserve lorsqu'il se trouvera en possession de ce secret. C'est pourquoi il me semble que toute hésitation serait aussi stupide que criminelle… L'heure est grave ; il faut que l'enfant disparaisse avant qu'il soit trop tard…

TYLTYL. Que dit-il ?…

LE CHIEN *(rôdant autour du Chêne en montrant ses crocs)*. As-tu vu mes dents, vieux perclus ?…

LE HÊTRE *(indigné)*. Il insulte le Chêne !…

LE CHÊNE. C'est le Chien ?… Qu'on l'expulse ! Il ne faut pas que nous tolérions un traître parmi nous !…

LA CHATTE *(bas, à Tyltyl)*. Eloignez le Chien… C'est un malentendu… Laissez-moi faire, j'arrangerai les choses… Mais éloignez-le au plus vite…

TYLTYL *(au Chien)*. Veux-tu t'en aller !…

LE CHIEN. Laisse-moi donc lui déchirer ses pantoufles de mousse à ce vieux goutteux-là !… On va rire !…

TYLTYL. Tais-toi donc !… Et va-t'en… Mais va-t'en, vilaine bête !…

LE CHIEN. Bon, bon, on s'en ira… Je reviendrai quand tu auras besoin de moi…

LA CHATTE *(bas à Tyltyl)*. Il serait plus prudent de l'enchaîner, sinon il fera des bêtises ; les Arbres se fâcheront, et tout cela finira mal…

TYLTYL. Comment faire ?… J'ai égaré sa laisse…

LA CHATTE. Voici tout juste le Lierre qui s'avance avec de solides liens…

LE CHIEN *(grondant)*. Je reviendrai, je reviendrai !… Podagre ! bronchiteux !… Tas de vieux rabougris, tas de vieilles racines !… C'est la Chatte qui mène tout !… Je lui revaudrai ça !… Qu'as-tu donc à chuchoter ainsi, Judas, Tigre, Bazaine !… Wa, wa ! wa !…

LA CHATTE. Vous voyez, il insulte tout le monde…

TYLTYL. C'est vrai, il est insupportable et l'on ne s'entend plus… Monsieur le Lierre, voulez-vous l'enchaîner ?…

LE LIERRE *(s'approchant assez craintivement du Chien)*. Il ne mordra pas ?…

LE CHIEN *(grondant)*. Au contraire ! au contraire !… Il va bien t'embrasser !… Attends, tu vas voir ça !… Approche, approche donc, tas de vieilles ficelles !…

TYLTYL *(le menaçant du bâton)*. Tylô ! …

LE CHIEN *(rampant aux pieds de Tyltyl en agitant la queue)*. Que faut-il faire, mon petit dieu ?…

TYLTYL. Te coucher, à plat ventre !… Obéis au Lierre… Laisse-toi garrotter, sinon…

LE CHIEN *(grondant entre les dents pendant que le Lierre la garrotte)*. Ficelle !… Corde à pendus !… Laisse à veaux !… Chaîne à porcs !… Mon petit dieu, regarde… Il me tord les pattes… Il m'étrangle !…

TYLTYL. Tant pis !... Tu l'as voulu !... Tais-toi, tiens-toi tranquille, tu es insupportable !...

LE CHIEN. C'est égal, tu as tort... Ils ont de vilaines intentions... Mon petit dieu, prends garde !... Il me ferme la bouche !... Je ne peux plus parler !...

LE LIERRE *(qui a ficelé le Chien comme un paquet).* Où faut-il le porter ?... Je l'ai bien bâillonné... il ne souffle plus mot...

LE CHÊNE. Qu'on l'attache solidement là-bas, derrière mon tronc, à ma grosse racine... Nous verrons ensuite ce qu'il convient d'en faire... *(Le Lierre aidé du Peuplier porte le Chien derrière le tronc du Chêne.)* Est-ce fait ?... Bien, maintenant que nous voilà débarrassés de ce témoin gênant et de ce renégat, délibérons selon notre justice et notre vérité... Mon émotion, je ne vous le cache point, est profonde et pénible... C'est la première fois qu'il nous est donné de juger l'Homme et de lui faire sentir notre puissance... Je ne crois pas qu'après le mal qu'il nous a fait, après les monstrueuses injustices que nous avons subies, il reste le moindre doute sur la sentence qui l'attend...

TOUS LES ARBRES et TOUS LES ANIMAUX. Non ! Non ! Non !... Pas de doute !... La pendaison !... La mort !... Il y a trop d'injustice !... Il a trop abusé !... Il y a trop longtemps !... Qu'on l'écrase !... Qu'on le mange !... Tout de suite !... Tout de suite !...

TYLTYL *(à la Chatte).* Qu'ont-ils donc ?... Ils ne sont pas contents ?...

LA CHATTE. Ne vous inquiétez pas... Ils sont un peu fâchés à cause que le Printemps est en retard... Laissez-moi faire, j'arrangerai tout ça...

LE CHÊNE. Cette unanimité était inévitable... Il s'agit à présent de savoir, pour éviter les représailles, quel genre de supplice sera le plus pratique, le plus commode, le plus expéditif et le plus sûr ; celui qui laissera le moins de traces accusatrices lorsque les Hommes retrouveront les petits corps dans la forêt…

TYLTYL. Qu'est-ce que c'est que tout ça ?… Où veut-il en venir ?… Je commence à en avoir assez… Puisqu'il a l'Oiseau Bleu, qu'il le donne…

LE TAUREAU *(s'avançant)*. Le plus pratique et le plus sûr, c'est un bon coup de corne au creux de l'estomac. – Voulez-vous que je fonce ?…

LE CHÊNE. Qui parle ainsi ?…

LA CHATTE. C'est le Taureau.

LA VACHE. Il ferait mieux de se tenir tranquille… Moi, je ne m'en mêle pas… J'ai à brouter toute l'herbe de la prairie qu'on voit là-bas, dans le bleu de la lune… J'ai trop à faire…

LE BŒUF. Moi aussi. D'ailleurs, j'approuve tout d'avance…

LE HÊTRE. Moi, j'offre ma plus haute branche pour les pendre…

LE LIERRE. Et moi le nœud coulant

LE SAPIN. Et moi les quatre planches pour la petite boîte…

LE CYPRÈS. Et moi la concession à perpétuité…

LE SAULE. Le plus simple serait de les noyer dans une de mes rivières… Je m'en charge…

LE TILLEUL *(conciliant)*. Voyons, voyons… Est-il bien nécessaire d'en venir à ces extrémités ? Ils sont encore bien jeunes… On pourrait tout bonnement les empêcher de nuire en les retenant prisonniers dans un clos que je me charge de construire en me plantant tout autour…

LE CHÊNE. Qui parle ainsi ?… Je crois reconnaître la voix mielleuse du Tilleul…

LE SAPIN. En effet…

LE CHÊNE. Il y a donc un renégat parmi nous, comme parmi les Animaux ?… Jusqu'ici, nous n'avions à déplorer que la défection des Arbres fruitiers ; mais ceux-ci ne sont pas de véritables Arbres…

LE PORC *(roulant de petits yeux gloutons).* Moi, je pense qu'il faut d'abord manger la petite fille… Elle doit être bien tendre…

TYLTYL. Que dit-il, celui-là ?… Attends un peu, espèce de…

LA CHATTE. Je ne sais ce qu'ils ont ; mais cela prend mauvaise tournure…

LE CHÊNE. Silence !… Il s'agit de savoir qui de nous aura l'honneur de porter le premier coup ; qui écartera de nos cimes le plus grand danger que nous ayons couru depuis la naissance de l'Homme…

LE SAPIN. C'est à vous, notre roi et notre patriarche, que revient cet honneur…

LE CHÊNE. C'est le Sapin qui parle ?… Hélas ! je suis trop vieux ! Je suis aveugle, infirme, et mes bras engourdis ne m'obéissent plus… Non, c'est à vous, mon frère, toujours vert, toujours droit, c'est à vous, qui vîtes naître la plupart de ces Arbres, qu'échoit, à mon défaut, la gloire du noble geste de notre délivrance…

LE SAPIN. Je vous remercie, mon vénérable père… Mais comme j'aurai déjà l'honneur d'ensevelir les deux victimes, je craindrais d'éveiller la juste jalousie de mes collègues ; et je crois qu'après nous, le plus ancien et le plus digne, celui qui possède la meilleure massue, c'est le Hêtre…

LE HÊTRE. Vous savez que je suis vermoulu et que ma massue n'est point sûre… Mais l'Orme et le Cyprès ont de puissantes armes…

L'ORME. Je ne demanderais pas mieux ; mais je puis à peine me tenir debout… Une taupe cette nuit, m'a retourné le gros orteil…

LE CYPRÈS. Quant à moi, je suis prêt… Mais, comme mon bon frère le Sapin, j'aurai déjà, sinon le privilège de les ensevelir, tout au moins l'avantage de pleurer sur leur tombe… Ce serait illégitimement cumuler… Demandez au Peuplier…

LE PEUPLIER. A moi ?… Y pensez-vous ?… Mais mon bois est plus tendre que la chair d'un enfant !… Et puis, je ne sais ce que j'ai… Je tremble de fièvre… Regardez donc mes feuilles… J'ai dû prendre froid ce matin au lever du soleil…

LE CHÊNE *(éclatant d'indignation)*. Vous avez peur de l'Homme !… Même ces petits enfants isolés et sans armes vous inspirent la terreur mystérieuse qui fit toujours de nous les esclaves que nous sommes !… Eh bien, non ! C'est assez !… Puisqu'il en est ainsi, puisque l'heure est unique, j'irai seul, vieux, perclus, tremblant, aveugle, contre l'ennemi héréditaire !… Où est-il ?… Tâtonnant de son bâton, il s'avance vers Tyltyl.

TYLTYL *(tirant son couteau de sa poche)*. C'est à moi qu'il en a, ce vieux-là, avec son gros bâton ?…

Tous les autres Arbres, poussant un cri d'épouvante à la vue du couteau, l'arme mystérieuse et irrésistible de l'Homme, s'interposent et retiennent le Chêne.

LES ARBRES. Le couteau !… Prenez garde !… Le couteau !…

LE CHÊNE *(se débattant)*. Laissez-moi !… Que m'importe !… Le couteau ou la hache !… Qui me retient ?… Quoi ! vous êtes tous ici ?… Quoi ! vous tous vous voulez ?… *(Jetant son bâton.)* Eh bien, soit !… Honte à nous !… Que les Animaux nous délivrent !…

LE TAUREAU. C'est cela !… Je m'en charge !… Et d'un seul coup de corne !…

LE BŒUF et LA VACHE *(le retenant par la queue)*. De quoi te mêles-tu ?… Ne fais pas de bêtises !… C'est une mauvaise affaire !… Cela finira mal… C'est nous qui trinquerons… Laisse donc… C'est affaire aux Animaux sauvages…

LE TAUREAU. Non, non !… C'est mon affaire !… Attendez !… Mais retenez-moi donc ou je fais un malheur !…

TYLTYL *(à Mytyl qui pousse des cris aigus)*. N'aie pas peur !... Mets-toi derrière moi... J'ai mon couteau...

LE COQ. C'est qu'il est crâne, le petit !...

TYLTYL. Alors, c'est décidé, c'est à moi qu'on en veut ?...

L'ÂNE. Mais bien sûr mon petit tu y as mis le temps à t'en apercevoir !...

LE PORC. Tu peux faire ta prière, va, c'est ta dernière heure. Mais ne cache pas la petite fille... Je veux m'en régaler les yeux... C'est elle que je mangerai la première...

TYLTYL. Qu'est-ce que je vous ai fait ?...

LE MOUTON. Rien du tout, mon petit... Malgré mon petit frère, mes deux sœurs, mes trois oncles, ma tante, Bon-papa, Bonne-maman... Attends, attends, quand tu seras par terre, tu verras que j'ai des dents aussi...

L'ÂNE. Et que j'ai des sabots !...

LE CHEVAL *(piaffant fièrement)*. Vous allez voir ce que vous allez voir !... Aimez-vous mieux que je le déchire à belles dents ou que je vous l'abatte à coups de pied ?... *(Il s'avance magnifiquement sur Tyltyl qui lui fait face en levant son couteau. Tout à coup, le Cheval, pris de panique, tourne le dos et fuit à toutes jambes.)* Ah ! mais non !... Ce n'est pas juste !... Ce n'est pas du jeu !... Il se défend !...

LE COQ *(ne pouvant cacher son admiration)*. C'est égal, le petit n'a pas froid aux yeux...

LE PORC *(à l'Ours et au Loup)*. Précipitons-nous tous ensemble... Je vous soutiendrai par-derrière... Nous les renverserons et nous nous partagerons la petite fille quand elle sera par terre...

LE LOUP. Amusez-les par là... Je vais faire un mouvement tournant...

Il tourne autour de Tyltyl qu'il attaque par-derrière et renverse à demi.

TYLTYL. Judas !... *(Il se redresse sur un genou, brandissant son couteau et couvrant de son mieux sa petite sœur qui pousse des hurlements de détresse. – Le voyant à demi renversé, tous les Animaux et les Arbres se rapprochent et cherchent à lui porter des coups. L'obscurité se fait subitement. Eperdument, Tyltyl appelle à l'aide.)* A moi ! A moi !... Tylô ! Tylô !... Où est la Chatte ?... Tylô !... Tylette ! Tylette !... Venez ! venez !...

LA CHATTE *(hypocritement, à l'écart)*. Je ne peux pas... Je viens de me fouler la patte...

TYLTYL *(parant les coups et se défendant de son mieux)*. A moi !... Tylô ! Tylô !... Je ne peux plus !... Ils sont trop !... L'Ours ! le Cochon ! le Loup ! l'Ane ! le Sapin ! le Hêtre !... Tylô ! Tylô ! Tylô !...

Traînant ses liens brisés, le Chien bondit de derrière le tronc du Chêne et, bousculant Arbres et Animaux, se jette devant Tyltyl qu'il défend avec rage.

LE CHIEN *(tout en distribuant d'énormes coups de dents)*. Voilà ! voilà ! mon petit dieu !... N'aie pas peur ! Allons-y !... J'ai de bons coups de gueule !... Tiens, voilà pour toi, l'Ours, là dans ton gros derrière !... Voyons, qui en veut encore ?... Voilà pour le Cochon, et ça pour le Cheval et la queue du Taureau ! Voilà ! j'ai déchiré la culotte du Hêtre et le jupon du Chêne !... Le Sapin f... le camp !... C'est égal, il fait chaud !...

TYLTYL *(accablé)*. Je n'en peux plus !... Le Cyprès m'a donné un grand coup sur la tête...

LE CHIEN. Aïe ! c'est un coup du Saule !... Il m'a cassé la patte !...

TYLTYL. Ils reviennent à la charge ! Tous ensemble !... Cette fois, c'est le Loup !...

LE CHIEN. Attends, que je l'étrenne !...

LE LOUP. Imbécile !... Notre frère !... Ses parents ont noyé tes petits !...

LE CHIEN. Ils ont bien fait !… Tant mieux !… C'est qu'ils te ressemblaient !…

TOUS LES ARBRES et TOUS LES ANIMAUX. Renégat !… Idiot !… Traître ! Félon ! Nigaud !… Judas !… Laisse-le ! C'est la mort ! Viens à nous !…

LE CHIEN *(ivre d'ardeur et de dévouement).* Non ! non !… Seul contre tous !… Non, non !… Fidèle aux dieux ! aux meilleurs ! aux plus grands !… *(A Tyltyl.)* Prends garde, voici l'Ours !… Méfie-toi du Taureau… Je vais lui sauter à la gorge… Aïe !… C'est un coup de pied… L'Ane m'a cassé deux dents…

TYLTYL. Je ne peux plus, Tylô !… Aïe !… C'est un coup de l'Orme… Regarde, ma main saigne… C'est le Loup ou le Porc…

LE CHIEN. Attends, mon petit dieu… Laisse-moi t'embrasser. Là, un bon coup de langue… Ça te fera du bien… Reste bien derrière moi… Ils n'osent plus approcher… Si !… Les voilà qui reviennent !… Ah ! ce coup, c'est sérieux !… Tenons ferme !…

TYLTYL *(se laissant tomber sur le sol).* Non, ce n'est plus possible…

LE CHIEN. On vient ! J'entends, je flaire !…

TYLTYL. Où donc ?… Qui donc ?…

LE CHIEN. Là ! là !… C'est la Lumière !… Elle nous a retrouvés !… Sauvés, mon petit roi !… Embrasse-moi !… Sauvés !… Regarde !… Ils se méfient !… Ils s'écartent !… Ils ont peur !…

TYLTYL. La Lumière !… La Lumière !… Venez donc !… Hâtez-vous !… Ils se sont révoltés !… Ils sont tous contre nous !…

Entre la Lumière ; à mesure qu'elle s'avance, l'Aurore se lève sur la forêt qui s'éclaire.

LA LUMIÈRE. Qu'est-ce donc ?… Qu'y a-t-il ?… Mais, malheureux ! tu ne savais donc pas !… Tourne le Diamant !

Ils rentreront dans le Silence et dans l'Obscurité ; et tu ne verras plus leurs sentiments…

Tyltyl tourne le diamant. – Aussitôt les âmes de tous les Arbres se précipitent dans les troncs qui se referment. – Les âmes des Animaux disparaissent également ; et l'on voit, au loin, brouter une Vache et un Mouton paisibles, etc. – La Forêt redevient innocente. Etonné, Tyltyl regarde autour de soi.

TYLTYL. Où sont-ils ?… Qu'avaient-ils ?… Est-ce qu'ils étaient fous ?…

LA LUMIÈRE. Mais non, ils sont toujours ainsi ; mais on ne le sait pas parce qu'on ne le voit pas… Je te l'avais bien dit : il est dangereux de les réveiller quand je ne suis pas là…

TYLTYL *(essuyant son couteau)*. C'est égal ; sans le Chien et si je n'avais pas eu mon couteau… Je n'aurais jamais cru qu'ils fussent si méchants !…

LA LUMIÈRE. Tu vois bien que l'Homme est tout seul contre tous, en ce monde…

LE CHIEN. Tu n'as pas trop de mal, mon petit dieu ?…

TYLTYL. Rien de grave… Quant à Mytyl, ils ne l'ont pas touchée… Mais toi, mon bon Tylô ?… Tu as la bouche en sang, et ta patte est cassée ?…

LE CHIEN. Pas la peine d'en parler… Demain, il n'y paraîtra plus… Mais l'affaire était chaude !…

LA CHATTE *(sortant d'un fourré en boitant)*. Je crois bien !… Le Bœuf m'a donné un coup de corne dans le ventre… On n'en voit pas la trace, mais il m'a fait bien mal… Et le Chêne m'a cassé la patte…

LE CHIEN. J'aimerais bien savoir laquelle ?

MYTYL *(caressant la Chatte)*. Ma pauvre Tylette, est-ce vrai ?… Où donc te trouvais-tu ?… Je ne t'ai pas aperçue…

LA CHATTE *(hypocritement)*. Petite mère, j'ai été blessée tout de suite, en attaquant le vilain Porc qui voulait te manger…

C'est alors que le Chêne m'a donné ce grand coup qui m'a étourdie…

LE CHIEN *(à la Chatte, entre les dents)*. Toi, tu sais, j'ai deux mots à te dire… Tu ne perdras rien pour attendre !…

LA CHATTE *(plaintivement, à Mytyl)*. Petite mère, il m'insulte… Il veut me faire du mal…

MYTYL *(au Chien)*. Veux-tu bien la laisser tranquille, vilaine bête…

Ils sortent tous.

Rideau.

ACTE QUATRIÈME

SIXIÈME TABLEAU

DEVANT LE RIDEAU

Entrent Tyltyl, Mytyl, la Lumière, le Chien, la Chatte, le Pain, le Feu, le Sucre, l'Eau et le Lait.

LA LUMIÈRE. J'ai reçu un petit mot de la Fée Bérylune qui m'apprend que l'Oiseau Bleu se trouve probablement ici…

TYLTYL. Où ça ?…

LA LUMIÈRE. Ici, dans le cimetière qui est derrière ce mur… Il paraît qu'un des morts de ce cimetière le cache dans sa tombe… Reste à savoir lequel… Il faudra qu'on les passe en revue…

TYLTYL. En revue ?… Comment qu'on fera ?…

LA LUMIÈRE. C'est bien simple : à minuit, pour ne pas trop les déranger, tu tourneras le Diamant. On les verra sortir de terre ; ou bien on apercevra au fond de leurs tombes ceux qui ne sortent pas…

TYLTYL. Ils ne seront pas fâchés ?…

LA LUMIÈRE. Nullement, ils ne s'en douteront même pas… Ils n'aiment pas qu'on les dérange ; mais comme de toute façon ils ont coutume de sortir à minuit, cela ne les gênera pas…

TYLTYL. Pourquoi que le Pain, le Sucre et le Lait sont si pâles et pourquoi qu'ils ne disent rien ?…

LE LAIT *(chancelant)*. Je sens que je vais tourner…

LA LUMIÈRE *(bas, à Tyltyl)*. Ne fais pas attention… Ils ont peur des morts…

LE FEU *(gambadant)*. Moi, je n'en ai pas peur !... J'ai l'habitude de les brûler... Dans les temps, je les brûlais tous ; c'était bien plus amusant qu'aujourd'hui...

TYLTYL. Et pourquoi Tylô tremble-t-il ?... Est-ce qu'il a peur aussi...

LE CHIEN *(claquant des dents)*. Moi ?... Je ne tremble pas !... Moi, je n'ai jamais peur ; mais, si tu t'en allais, je m'en irais aussi...

TYLTYL. Et la Chatte ne dit rien ?...

LA CHATTE *(mystérieuse)*. Je sais ce que c'est...

TYLTYL *(à la Lumière)*. Tu viendras avec nous ?...

LA LUMIÈRE. Non, il est préférable que je reste à la porte du cimetière avec les Choses et les Animaux... L'heure n'est pas venue... La Lumière ne peut pas encore pénétrer chez les morts... Je vais te laisser seul avec Mytyl...

TYLTYL. Et Tylô ne peut pas rester avec nous ?...

LE CHIEN. Si, si, je reste, je reste ici... Je veux rester près de mon petit dieu !

LA LUMIÈRE. C'est impossible... L'ordre de la Fée est formel ; du reste, il n'y a rien à craindre...

LE CHIEN. Bien, bien, tant pis... S'ils sont méchants, mon petit dieu, tu n'as qu'à faire comme ça *(Il siffle.)* et tu verras... Ce sera comme dans la forêt : Wa ! Wa ! Wa !...

LA LUMIÈRE. Allons, adieu, mes chers petits... Je ne serai pas loin... *(Elle embrasse les enfants.)* Ceux qui m'aiment et que j'aime me retrouveront toujours... *(Aux Choses et aux Animaux.)* Vous autres... par ici.

Elle sort avec les Choses et les Animaux. Les enfants restent seuls au milieu de la scène. Le rideau s'ouvre pour découvrir le septième tableau.

SEPTIÈME TABLEAU
LE CIMETIÈRE

Il fait nuit. Clair de lune. Un cimetière de campagne. Nombreuses tombes, tertres de gazon, croix de bois, dalles funéraires, etc. Tyltyl et Mytyl sont debout près d'un cippe.

MYTYL. J'ai peur !

TYLTYL *(assez peu rassuré).* Moi, je n'ai jamais peur…

MYTYL. C'est méchant, les morts, dis ?…

TYLTYL. Mais non, puisqu'ils ne vivent pas.

MYTYL. Tu en as déjà vu ?…

TYLTYL. Oui, une fois, dans le temps, lorsque j'étais très jeune…

MYTYL. Comment c'est fait, dis ?…

TYLTYL. C'est tout blanc, très tranquille et très froid, et ça ne parle pas…

MYTYL. Nous allons les voir, dis ?…

TYLTYL. Bien sûr, puisque la Lumière l'a promis…

MYTYL. Où c'est qu'ils sont, les morts ?…

TYLTYL. Ici, sous le gazon ou sous ces grosses pierres…

MYTYL. Ils sont là toute l'année ?…

TYLTYL. Oui.

MYTYL *(montrant les dalles).* C'est les portes de leurs maisons ?…

TYLTYL. Oui.

MYTYL. Est-ce qu'ils sortent quand il fait beau ?…

TYLTYL. Ils ne peuvent sortir qu'à la nuit…

MYTYL. Pourquoi ?…

TYLTYL. Parce qu'ils sont en chemise…

MYTYL. Est-ce qu'ils sortent aussi quand il pleut ?…

TYLTYL. Quand il pleut, ils restent chez eux…

MYTYL. C'est beau chez eux, dis ?…

TYLTYL. On dit que c'est fort étroit…

MYTYL. Est-ce qu'ils ont des petits enfants ?…

TYLTYL. Bien sûr ! ils ont tous ceux qui meurent…

MYTYL. Et de quoi vivent-ils ?…

TYLTYL. Ils mangent des racines…

MYTYL. Est-ce que nous les verrons ?…

TYLTYL. Bien sûr, puisqu'on voit tout quand le Diamant est tourné.

MYTYL. Et qu'est-ce qu'ils diront ?…

TYLTYL. Ils ne diront rien, puisqu'ils ne parlent pas.

MYTYL. Pourquoi qu'ils ne parlent pas ?…

TYLTYL. Parce qu'ils n'ont rien à dire…

MYTYL. Pourquoi qu'ils n'ont rien à dire ?…

TYLTYL. Tu m'embêtes…

Un silence.

MYTYL. Quand tourneras-tu le Diamant ?…

TYLTYL. Tu sais bien que la Lumière a dit d'attendre à minuit, parce qu'alors on les dérange moins…

MYTYL. Pourquoi qu'on les dérange moins ?…

TYLTYL. Parce que c'est l'heure où ils sortent prendre l'air.

MYTYL. Il n'est pas minuit ?…

TYLTYL. Vois-tu le cadran de l'église ?…

MYTYL. Oui, je vois même la petite aiguille…

TYLTYL. Eh bien ! minuit va sonner… Là ! Tout juste… Entends-tu ?…

On entend sonner les douze coups de minuit.

MYTYL. Je veux m'en aller !...

TYLTYL. Ce n'est pas le moment... Je vais tourner le Diamant...

MYTYL. Non, non !... Ne le fais pas !... Je veux m'en aller !... J'ai si peur, petit frère !... J'ai terriblement peur !...

TYLTYL. Mais il n'y a pas de danger...

MYTYL. Je ne veux pas voir les morts !... Je ne veux pas les voir !...

TYLTYL. C'est bon, tu ne les verras pas, tu fermeras les yeux...

MYTYL *(s'accrochant aux vêtements de Tyltyl).* Tyltyl, je ne peux pas !... Non, ce n'est pas possible !... Ils vont sortir de terre !...

TYLTYL. Ne tremble pas ainsi... Ils ne sortiront qu'un moment...

MYTYL. Mais tu trembles aussi, toi !... Ils seront effrayants !...

TYLTYL. Il est temps, l'heure passe...

Tyltyl tourne le Diamant. Une terrifiante minute de silence et d'immobilité ; après quoi, lentement, les croix chancellent, les tertres s'entrouvrent, les dalles se soulèvent.

MYTYL *(se blottissant contre Tyltyl).* Ils sortent ! Ils sont là !...*(Alors, de toutes les tombes béantes monte graduellement une floraison d'abord grêle et timide comme une vapeur d'eau, puis blanche et virginale et de plus en plus touffue, de plus en plus haute, surabondante et merveilleuse, qui, peu à peu, irrésistiblement, envahissant toutes choses, transforme le cimetière en une sorte de jardin féerique et nuptial, sur lequel ne tardent pas à se lever les premiers rayons de l'aube. La rosée scintille, les fleurs s'épanouissent, le vent murmure dans les feuilles, les abeilles bourdonnent, les oiseaux s'éveillent et inondent l'espace des premières ivresses de leurs hymnes au soleil et à la vie. Stupéfaits, éblouis, Tyltyl et Mytyl, se tenant par la main, font quelques pas parmi les fleurs en cherchant la trace des tombes. Mytyl cherchant dans le gazon.)* Où sont-ils, les morts ?...

TYLTYL *(cherchant de même).* Il n'y a pas de morts...

Rideau.

HUITIÈME TABLEAU
DEVANT LE RIDEAU QUI PRÉSENTE DE BEAUX NUAGES

Entrent : Tyltyl, Mytyl, la Lumière, le Chien, la Chatte, le Pain, le Feu, le Sucre, l'Eau et le Lait.

LA LUMIÈRE. Je crois que cette fois nous tenons l'Oiseau Bleu. J'aurais dû y penser dès la première étape... Ce n'est que ce matin, en reprenant mes forces dans l'aurore, que l'idée m'est venue comme un rayon du ciel... Nous sommes à l'entrée des jardins enchantés où se trouvent réunis, sous la garde du Destin, toutes les Joies, tous les Bonheurs des Hommes...

TYLTYL. Il y en a beaucoup ? Est-ce qu'on en aura ? Est-ce qu'ils sont petits ?...

LA LUMIÈRE. Il en est de petits et de grands, de gros et de délicats, de très beaux et d'autres qui sont moins agréables... Mais les plus vilains furent, il y a quelque temps, expulsés des jardins et cherchèrent refuge chez les Malheurs. Car il faut remarquer que les Malheurs habitent un antre contigu, qui communique avec le jardin des Bonheurs et n'en est séparé que par une sorte de vapeur ou de rideau subtil que le vent qui souffle des hauteurs de la Justice ou du fond de l'Eternité soulève à chaque instant... Maintenant, il s'agit de s'organiser et de prendre certaines précautions. En général, les Bonheurs sont fort bons, pourtant il en est quelques-uns qui sont plus dangereux et plus perfides que les plus grands Malheurs…

LE PAIN. J'ai une idée ! S'ils sont dangereux et perfides, ne serait-il pas préférable que nous attendissions tous à la porte, afin d'être à même de prêter main-forte aux enfants s'ils étaient obligés de fuir ?…

LE CHIEN. Pas du tout !… Pas du tout !… Je veux aller partout avec mes petits dieux !… Que tous ceux qui ont peur restent donc à la porte !… Nous n'avons pas besoin *(Regardant le Pain.)* de poltrons *(Regardant la Chatte.)* ni de traîtres…

LE FEU. Moi, j'y vais !… Il paraît que c'est amusant !… On y danse tout le temps…

LE PAIN. Est-ce qu'on y mange aussi ?…

L'EAU *(gémissant).* Je n'ai jamais connu le plus petit Bonheur !… Je veux en voir enfin !…

LA LUMIÈRE. Taisez-vous ! Personne ne demande vos avis… Voici ce que j'ai décidé : le Chien, le Pain et le Sucre accompagneront les enfants. L'Eau n'entrera pas, parce qu'elle est trop froide, ni le Feu qui est trop turbulent. J'engage vivement le Lait à rester à la porte, parce qu'il est trop impressionnable ; quant à la Chatte, elle fera comme elle voudra…

LE CHIEN. Elle a peur !…

LA CHATTE. J'irai saluer en passant quelques Malheurs qui sont de vieux amis et habitent à côté des Bonheurs…

TYLTYL. Et toi, la Lumière, est-ce que tu ne viens pas ?…

LA LUMIÈRE. Je ne peux pas entrer ainsi chez les Bonheurs ; la plupart ne me supportent pas… Mais j'ai ici le voile épais dont je me couvre quand je visite les gens heureux… *(Elle déplie un long voile dont elle s'enveloppe soigneusement.)* Il ne faut pas qu'un rayon de mon âme les effraie, car il est beaucoup de Bonheurs qui ont peur et ne sont pas heureux... Voilà, de cette façon, les moins jolis et les plus gros eux-mêmes n'auront plus rien à redouter...

Le rideau s'ouvre pour découvrir le neuvième tableau.

NEUVIÈME TABLEAU
LE JARDIN DES BONHEURS

Quand s'ouvre le rideau, on découvre, prise sur les premiers plans des jardins, une sorte de salle formée de hautes colonnes de marbre entre lesquelles, masquant tout le fond, sont tendues de lourdes draperies de pourpre que soutiennent des cordages d'or. Architecture rappelant les moments les plus sensuels et les plus somptueux de la Renaissance vénitienne ou flamande (Véronèse et Rubens). Guirlandes, cornes d'abondance, torsades, vases, statues, dorures prodigués de toutes parts. – Au milieu, massive et féerique table de jaspe et de vermeil, encombrée de flambeaux, de cristaux, de vaisselle d'or et d'argent et surchargée de mets fabuleux. – Autour de la table, mangent, boivent, hurlent, chantent, s'agitent, se vautrent ou s'endorment parmi les venaisons, les fruits miraculeux, les aiguières et les amphores renversées, les plus gros Bonheurs de la Terre. Ils sont énormes, invraisemblablement obèses et rubiconds, couverts de velours et de brocarts, couronnés d'or, de perles et de pierreries. De belles esclaves apportent sans cesse des plats empanachés et des breuvages écumants. – Musique vulgaire, hilare et brutale où dominent les cuivres. – Une lumière lourde et rouge baigne la scène.

Tyltyl, Mytyl, le Chien, le Pain et le Sucre, d'abord assez intimidés, se pressent, à droite, au premier plan, autour de la Lumière. La Chatte, sans rien dire, se dirige vers le fond, également à droite, soulève un rideau sombre et disparaît.

TYLTYL. Qu'est-ce que ces gros messieurs qui s'amusent et mangent tant de bonnes choses ?

LA LUMIÈRE. Ce sont les plus gros Bonheurs de la Terre, ceux qu'on peut voir à l'œil nu. Il est possible, bien qu'assez peu probable, que l'Oiseau Bleu se soit un instant égaré parmi eux. C'est pourquoi ne tourne pas encore le Diamant. Nous allons, pour la forme, explorer tout d'abord cette partie de la salle.

TYLTYL. Est-ce qu'on peut s'approcher ?

LA LUMIÈRE. Certainement. Ils ne sont pas méchants bien que vulgaires et, d'habitude, assez mal élevés.

MYTYL. Qu'ils ont de beaux gâteaux !...

LE CHIEN. Et du gibier ! et des saucisses ! et des gigots d'agneau et du foie de veau !... *(Proclamant.)* Rien au monde n'est meilleur, rien n'est plus beau et rien ne vaut le foie de veau !...

LE PAIN. Excepté les pains-de-quatre-livres pétris de fine fleur de froment ! Ils en ont d'admirables !... Qu'ils sont beaux ! qu'ils sont beaux !... Ils sont plus gros que moi !...

LE SUCRE. Pardon, pardon, mille pardons... Permettez, permettez... Je ne voudrais froisser personne ; mais n'oubliez pas les Sucreries qui sont la gloire de cette table et dont l'éclat et la magnificence surpassent, si j'ose m'exprimer ainsi, tout ce qu'il y a dans cette salle et peut-être en tout autre lieu...

TYLTYL. Qu'ils ont l'air contents et heureux !... Et ils crient ! et ils rient ! et ils chantent !... Je crois qu'ils nous ont vus...

En effet, une douzaine des plus Gros Bonheurs se sont levés de table et s'avancent péniblement, en soutenant leur ventre, vers le groupe des enfants.

LA LUMIÈRE. Ne crains rien, ils sont très accueillants... Ils vont probablement t'inviter à dîner... N'accepte pas, n'accepte rien, de peur d'oublier ta mission...

TYLTYL. Quoi ? Pas même un petit gâteau ? Ils ont l'air si bons, si frais, si bien glacés de sucre, ornés de fruits confits et débordants de crème !...

LA LUMIÈRE. Ils sont dangereux et briseraient ta volonté. Il faut savoir sacrifier quelque chose au devoir qu'on remplit. Refuse poliment mais avec fermeté. Les voici...

LE PLUS GROS DES BONHEURS *(tendant la nain à Tyltyl).* Bonjour, Tyltyl !...

TYLTYL *(étonné).* Vous me connaissez donc ?... Qui êtes-vous ?...

LE GROS BONHEUR. Je suis le plus gros des Bonheurs, le Bonheur-d'être-riche, et je viéns, au nom de mes frères, vous prier, vous et votre famille, d'honorer de votre présence notre repas sans fin. Vous vous trouverez au milieu de tout ce qu'il y a de mieux parmi les vrais et gros Bonheurs de cette Terre. Permettez que je vous présente les principaux d'entre eux. Voici mon gendre, le Bonheur-d'être-propriétaire, qui a le ventre en poire. Voici le Bonheur-de-la-vanité-satisfaite, dont le visage est si gracieusement bouffi. *(Le Bonheur-de-la-vanité-satisfaite salue d'un air protecteur.)* Voici le Bonheur-de-boire-quand-on-n'a-plus-soif et le Bonheur-de-manger-quand-on-n'a-plus-faim, qui ont les jambes en macaroni. *(Ils saluent en chancelant.)* Voici le Bonheur-de-ne-rien-savoir, qui est sourd, comme une limande, et le Bonheur-de-ne-rien-comprendre, qui est aveugle comme une taupe. Voici le Bonheur-de-ne-rien-faire et le Bonheur-de-dormir-plus-qu'il-n'est-nécessaire, qui ont les mains en mie de pain et les yeux en gelée de pêche. Voici enfin le Rire-Epais qui est fendu jusqu'aux oreilles et auquel rien ne peut résister...

Le Rire-Epais salue en se tordant.

TYLTYL *(montrant du doigt un Gros Bonheur qui se tient un peu à l'écart).* Et celui-là, qui n'ose pas approcher et nous tourne le dos ? ...

LE GROS BONHEUR. N'insistez pas, il est un peu gêné et n'est pas présentable à des enfants... *(Saisissant les mains de Tyltyl.)* Mais venez donc ! On recommence le festin… C'est la douzième fois depuis l'aurore. On n'attend plus que vous… Entendez-vous tous les convives qui vous réclament à grands cris ?… Je ne puis vous les présenter tous, ils sont extrêmement nombreux… *(Offrant le bras aux deux enfants.)* Permettez que je vous conduise aux deux places d'honneur…

TYLTYL. Je vous remercie bien, monsieur le Gros Bonheur… Je regrette vivement… Je ne peux pas pour le moment… Nous sommes très pressés, nous cherchons l'Oiseau Bleu. Vous ne sauriez pas, par hasard, où il se cache ?

LE GROS BONHEUR. L'Oiseau Bleu ?… Attendez donc… Oui, oui, je me rappelle… On m'en a parlé dans le temps… C'est, je crois, un oiseau qui n'est pas comestible. En tout cas, il n'a jamais paru sur notre table… C'est vous dire qu'on le tient en médiocre estime… Mais ne vous mettez pas en peine ; nous avons tant d'autres choses bien meilleures… Vous allez vous mêler à notre vie, vous verrez tout ce que nous faisons…

TYLTYL. Que faites-vous ?

LE GROS BONHEUR. Mais nous nous occupons sans cesse à ne rien faire… Nous n'avons pas une minute de repos… Il faut boire, il faut manger, il faut dormir. C'est extrêmement absorbant…

TYLTYL. Est-ce que c'est amusant ?

LE GROS BONHEUR. Mais oui… Il le faut bien, il n'y a pas autre chose sur cette Terre…

LA LUMIÈRE. Croyez-vous ?…

LE GROS BONHEUR *(indiquant du doigt la Lumière, bas, à Tyltyl)*. Quelle est cette jeune personne mal élevée ?…

Durant toute la conversation précédente, une foule de Gros Bonheurs de second ordre s'est occupée du Chien, du Sucre et du Pain, et les a entraînés vers l'orgie. Tyltyl aperçoit soudain ce derniers qui, attablés fraternellement avec leurs bêtes, mangent, boivent et se trémoussent follement.

TYLTYL. Voyez donc, la Lumière !… Ils sont à table !…

LA LUMIÈRE. Rappelez-les ! sinon cela finira mal !… Tylô !… Tylô ! ici… Veux-tu venir ici, tout de suite, entends-tu !… Et vous, là-bas, le Sucre et le Pain, qui donc vous a permis de me quitter ?… Qu'est-ce que vous faites là, sans autorisation ?…

LE PAIN *(la bouche pleine)*. Est-ce que tu ne pourrais pas nous parler plus poliment ?…

TYLTYL. Quoi ? C'est le Pain qui se permet de me tutoyer ?… Mais qu'est-ce qui te prend ? Et toi,Tylô !… Est-ce ainsi qu'on obéit ? Allons viens ici, à genoux, à genoux !… Et plus vite que ça !…

LE CHIEN *(à mi-voix et du bout de la table)*. Moi, quand je mange, je n'y suis pour personne et je n'entends plus rien…

LE SUCRE *(mielleusement)*. Excusez-nous, nous ne saurions quitter ainsi, sans les froisser, d'aussi aimables hôtes…

LE GROS BONHEUR. Vous voyez !… Ils vous donnent l'exemple… Venez, on vous attend… Nous n'admettons pas de refus… On vous fera une douce violence… Allons, les Gros Bonheurs, aidez-moi !… Poussons-les de force vers la table, pour qu'ils soient heureux malgré eux !…

Tous les Gros Bonheurs, avec des cris de joie et gambadant de leur mieux, entraînent les enfants qui se débattent, tandis que le Rire-Epais saisit vigoureusement la Lumière par la taille.

LA LUMIÈRE. Tourne le Diamant, il est temps !…

Tyltyl fait ce qu'ordonne la Lumière. Aussitôt la scène s'illumine d'une clarté ineffablement pure, divinement rosée, harmonieuse et légère. Les lourds ornements du premier plan, les épaisses tentures rouges se détachent et disparaissent, dévoilant un fabuleux et doux jardin de paix légère et de sérénité, une sorte de palais de verdure aux perspectives harmonieuses, où la magnificence des feuillages, puissants et lumineux, exubérants et néanmoins disciplinés, où l'ivresse virginale des fleurs et la fraîche allégresse des eaux qui coulent, ruissellent et jaillissent de toutes parts semblent entraîner jusqu'aux confins de l'horizon l'idée même de la félicité. La table de l'orgie s'effondre sans laisser de traces ; les velours, les brocarts, les couronnes des Gros Bonheurs, au souffle lumineux qui envahit la scène, se soulèvent, se déchirent et tombent, en même temps que les masques hilares, aux pieds des convives abasourdis. Ceux-ci se dégonflent à vue d'œil, comme des vessies crevées, s'entre-regardent, clignotent sous les rayons inconnus qui les blessent, et, se voyant enfin tels qu'ils sont en vérité, c'est-à-dire nus, hideux, flasques et lamentables, se mettent à pousser des hurlements de honte et d'épouvante, parmi lesquels on distingue très nettement ceux du Rire-Epais qui dominent tous les autres. Seul le Bonheur-de-ne-rien-comprendre demeure parfaitement calme, tandis que ses collègues s'agitent éperdument, cherchent à fuir, à se cacher dans les coins qu'ils espèrent plus sombres. Mais il n'y a plus d'ombre dans le jardin éblouissant. Aussi la plupart se décident-ils à franchir, en désespoir de cause, le rideau menaçant qui, sur la droite, dans un angle, ferme la voûte de la caverne des Malheurs. A chaque fois que l'un d'eux, dans la panique, soulève un pan de ce rideau, on entend s'élever du creux de l'antre une tempête d'injures, d'imprécations et de malédictions. Quant au Chien, au Pain et au Sucre, l'oreille basse, ils rejoignent le groupe des enfants, et, très penauds, se dissimulent derrière eux.

TYLTYL *(regardant fuir les Gros Bonheurs).* Dieu qu'ils sont laids !... Où vont-ils ?...

LA LUMIÈRE. Ma foi, je crois qu'ils ont perdu la tête... Ils vont se réfugier chez les Malheurs où je crains fort qu'on ne les retienne définitivement...

TYLTYL *(regardant autour de soi, émerveillé).* Oh ! le beau jardin, le beau jardin !... Où sommes nous ?...

LA LUMIÈRE. Nous n'avons pas changé de place ; ce sont tes yeux qui ont changé de sphère… Nous voyons à présent la vérité des choses ; et nous allons apercevoir l'âme des Bonheurs qui supportent la clarté du Diamant.

TYLTYL. Que c'est beau !… Qu'il fait beau !… On se croirait en plein été… Tiens ! on dirait qu'on s'approche et qu'on va s'occuper de nous…

En effet, les jardins commencent à se peupler de formes angéliques qui semblent sortir d'un long sommeil et glissent harmonieusement entre les arbres. Elles sont vêtues de robes lumineuses, aux subtiles et suaves nuances : réveil de rose, sourire d'eau, azur d'aurore, rosée d'ambre, etc.

LA LUMIÈRE. Voici que s'avancent quelques Bonheurs aimables et curieux qui vont nous renseigner…

TYLTYL. Tu les connais ?…

LA LUMIÈRE. Oui, je les connais tous ; je viens souvent chez eux, sans qu'ils sachent qui je suis…

TYLTYL. Il y en a ! Il y en a !… Ils sortent de tous côtés !…

LA LUMIÈRE. Il y en avait beaucoup plus dans le temps. Les Gros Bonheurs leur ont fait bien du tort.

TYLTYL. C'est égal, il en reste pas mal…

LA LUMIÈRE. Tu en verras bien d'autres, à mesure que l'influence du Diamant se répandra parmi les jardins… On trouve sur la Terre beaucoup plus de Bonheurs qu'on ne croit ; mais la plupart des Hommes ne les découvrent point…

TYLTYL. En voici de petits qui s'avancent, courons à leur rencontre…

LA LUMIÈRE. C'est inutile ; ceux qui nous intéressent passeront par ici. Nous n'avons pas le temps de faire la connaissance de tous les autres…

Une bande de petits Bonheurs, gambadant et riant aux éclats, accourt du fond des verdures et danse une ronde autour des enfants.

TYLTYL. Qu'ils sont jolis, jolis !... D'où viennent-ils, qui sont-ils ?...

LA LUMIÈRE. Ce sont les Bonheurs des enfants...

TYLTYL. Est-ce qu'on peut leur parler ?...

LA LUMIÈRE. C'est inutile. Ils chantent, ils dansent, ils rient, mais ils ne parlent pas encore...

TYLTYL *(frétillant)*. Bonjour ! Bonjour !... Oh ! le gros, là, qui rit !... Qu'ils ont de belles joues, qu'ils ont de belles robes !... Ils sont tous riches ici ?...

LA LUMIÈRE. Mais non, ici comme partout, il y a bien plus de pauvres que de riches...

TYLTYL. Où sont les pauvres ?...

LA LUMIÈRE. On ne peut pas les distinguer... Le Bonheur d'un enfant est toujours revêtu de ce qu'il y a de plus beau sur Terre et dans les cieux.

TYLTYL *(ne tenant plus en place)*. Je voudrais danser avec eux...

LA LUMIÈRE. C'est absolument impossible, nous n'avons pas le temps... Je vois qu'ils n'ont pas l'Oiseau Bleu... Du reste, ils sont pressés, tu vois, ils sont déjà passés... Eux non plus n'ont pas de temps à perdre, car l'enfance est très brève...

Une autre bande de Bonheurs, un peu plus grands que les précédents, se précipitent dans le jardin, et chantent à tue-tête : "Les voilà ! les voilà ! Ils nous voient ! Ils nous voient !..." dansent autour des enfants une joyeuse farandole, à la fin de laquelle, celui qui paraît être le chef de la petite troupe s'avance vers Tyltyl en lui tendant la main.

LE BONHEUR. Bonjour, Tyltyl !...

TYLTYL. Encore un qui me connaît !... *(A la Lumière.)* On commence à me connaître un peu partout... Qui es-tu ?...

LE BONHEUR. Tu ne me reconnais pas ?... Je Parie que tu ne reconnais aucun de ceux qui sont ici ?...

TYLTYL *(assez embarrassé).* Mais non… Je ne sais pas… Je ne me rappelle pas vous avoir vus.

LE BONHEUR. Vous entendez ?… J'en étais sûr !… Il ne nous a jamais vus !… *(Tous les autres Bonheurs de la bande éclatent de rire.)* Mais, mon petit Tyltyl, tu ne connais que nous !… Nous sommes toujours autour de toi !… Nous mangeons, nous buvons, nous nous éveillons, nous respirons, nous vivons avec toi !…

TYLTYL. Oui, oui, parfaitement, je sais, je me rappelle… Mais je voudrais savoir comment on vous appelle…

LE BONHEUR. Je vois bien que tu ne sais rien… Je suis le chef des Bonheurs-de-ta-maison ; et tous ceux-ci sont les autres Bonheurs qui l'habitent…

TYLTYL. Il y a donc des Bonheurs à la maison ?…

Tous les Bonheurs éclatent de rire.

LE BONHEUR. Vous l'avez entendu !… S'il y a des Bonheurs dans ta maison !… Mais, petit malheureux, elle en est pleine à faire sauter les portes et les fenêtres !… Nous rions, nous chantons, nous créons de la joie à refouler les murs, à soulever les toits ; mais nous avons beau faire, tu ne vois rien, tu n'entends rien… J'espère qu'à l'avenir tu seras un peu plus raisonnable… En attendant, tu vas serrer la main aux plus notables… Une fois rentré chez toi, tu les reconnaîtras ainsi plus facilement… Et puis, à la fin d'un beau jour, tu sauras les encourager d'un sourire, les remercier d'un mot aimable, car ils font vraiment tout ce qu'ils peuvent pour te rendre la vie légère et délicieuse… Moi d'abord, ton serviteur, le Bonheur-de-se-bien-porter… Je ne suis pas le plus joli, mais le plus sérieux. Tu me reconnaîtras ?… Voici le Bonheur-de-l'air-pur qui est à peu près transparent… Voici le Bonheur-d'aimer-ses-parents, qui est vêtu de gris et toujours un peu triste, parce qu'on ne le regarde jamais… Voici le Bonheur-du-ciel-bleu, qui est naturellement vêtu de bleu ; et le Bonheur-de-la-forêt qui, non moins naturellement, est habillé de vert, et que tu reverras chaque fois que tu te mettras à la fenêtre… Voici encore le bon Bonheur-des-heures-de-soleil qui est couleur de diamant, et celui du printemps qui est d'émeraude folle…

TYLTYL. Et vous êtes aussi beaux tous les jours ?…

LE BONHEUR. Mais oui, c'est tous les jours dimanche, dans toutes les maisons, quand on ouvre les yeux… Et puis, quand vient le soir, voici le Bonheur-des-couchers-de-soleil, qui est plus beau que tous les rois du monde ; et que suit le Bonheur-de-voir-se-lever-les-étoiles, doré comme un dieu d'autrefois… Puis, quand il fait mauvais, voici le Bonheur-de-la-pluie qui est couvert de perles, et le Bonheur-du-feu-d'hiver qui ouvre aux mains gelées son beau manteau de pourpre… Et je ne parle pas du meilleur de tous, parce qu'il est presque frère des Grandes Joies limpides que vous verrez bientôt, et qui est le Bonheur-des-pensées-innocentes, le plus clair d'entre nous… Et puis, voici encore… Mais vraiment, ils sont trop !… Nous n'en finirions pas, et je dois prévenir d'abord les Grandes Joies qui sont là-haut, au fond, près des portes du ciel, et ne savent pas encore que vous êtes arrivés… Je vais leur dépêcher le Bonheur-de-courir-nu-pieds-dans-la-rosée, qui est le plus agile… *(Au Bonheur qu'il vient de nommer et qui s'avance en faisant des cabrioles.)* Va !…

A ce moment, une sorte de diablotin en maillot noir, bousculant tout le monde en poussant des cris inarticulés, s'approche de Tyltyl, et gambade follement en l'accablant de nasardes, taloches et coups de pied insaisissables.

TYLTYL *(ahuri et profondément indigné).* Qu'est-ce que c'est que ce sauvage ?

LE BONHEUR. Bon ! c'est encore le Plaisir-d'être-insupportable qui s'est échappé de la caverne des Malheurs. On ne sait où l'enfermer. Il s'évade de partout, et les Malheurs eux-mêmes ne veulent plus le garder.

Le diablotin continue de lutiner Tyltyl qui essaie vainement de se défendre, puis, soudain, riant aux éclats disparaît sans raison, comme il était venu.

TYLTYL. Qu'est-ce qu'il a ? Il est un peu fou ?

LA LUMIÈRE. Je ne sais. Il paraît que c'est ainsi que tu es toi-même lorsque tu n'es pas sage. Mais en attendant, il faudrait s'informer de l'Oiseau Bleu. Il se peut que le chef des Bonheurs-de-ta-maison n'ignore pas où il se trouve…

TYLTYL. Où est-il ?…

LE BONHEUR. Il ne sait pas où se trouve l'Oiseau Bleu !… Tous les Bonheurs-de-ta-maison éclatent de rire.

TYLTYL *(vexé)*. Mais non, je ne sais pas… Il n'y a pas de quoi rire…

Nouveaux éclats de rire.

LE BONHEUR. Voyons, ne te fâche pas… et puis, soyons sérieux… Il ne sait pas, que voulez-vous, il n'est pas plus ridicule que la plupart des Hommes… Mais voici que le petit Bonheur-de-courir-nu-pieds-dans-la-rosée a prévenu les Grandes Joies qui s'avancent vers nous.

En effet, les hautes et belles figures angéliques, vêtues de robes lumineuses, s'approchent lentement.

TYLTYL. Qu'elles sont belles !… Pourquoi ne rient-elles pas ?… Ne sont-elles pas heureuses ?…

LA LUMIÈRE. Ce n'est pas quand on rit qu'on est le plus heureux…

TYLTYL. Qui sont-elles ?…

LE BONHEUR. Ce sont les Grandes Joies…

TYLTYL. Tu sais leurs noms ?

LE BONHEUR. Naturellement, nous jouons souvent avec elles… Voici d'abord : devant les autres, la grande Joie-d'être-juste, qui sourit chaque fois qu'une injustice est réparée – je suis trop jeune, je ne l'ai pas encore vue sourire. Derrière elle, c'est la Joie-d'être-bonne, qui est la plus heureuse, mais la plus triste ; et qu'on a bien du mal à empêcher d'aller chez les Malheurs qu'elle voudrait consoler. A droite, c'est la Joie-du-travail-accompli à côté de la Joie-de-penser. Ensuite, c'est la Joie-de-comprendre qui cherche toujours son frère, le Bonheur-de-ne-rien-comprendre…

TYLTYL. Mais je l'ai vu, son frère !… Il est allé chez les Malheurs avec les Gros Bonheurs…

LE BONHEUR. J'en étais sûr !… Il a tourné, de mauvaises fréquentations l'ont entièrement perverti… Mais n'en parle pas à sa sœur. Elle voudrait aller le chercher et nous y perdrions une des plus belles joies… Voici encore, parmi les plus grandes, la Joie-de-voir-ce-qui-est-beau, qui ajoute chaque jour quelques rayons à la lumière qui règne ici…

TYLTYL. Et là, au loin, au loin, dans les nuages d'or, celle que j'ai peine à voir en me dressant tant que je peux sur la pointe des pieds ?…

LE BONHEUR. C'est la grande Joie-d'aimer… Mais tu auras beau faire, tu es bien trop petit pour la voir tout entière…

TYLTYL. Et là-bas, tout au fond, celles qui sont voilées et ne s'approchent pas ?…

LE BONHEUR. Ce sont elles que les Hommes ne connaissent pas encore…

TYLTYL. Que nous veulent les autres ?… Pourquoi s'écartent-elles ?…

LE BONHEUR. C'est devant une Joie nouvelle qui s'avance, peut-être la plus pure que nous ayons ici…

TYLTYL. Qui est-ce ?…

LE BONHEUR. Tu ne la reconnais pas encore ?… Mais regarde donc mieux, ouvre donc tes deux yeux jusqu'au cœur de ton âme !… Elle t'a vu, elle t'a vu !… Elle accourt en te tendant les bras !… C'est la Joie de ta mère, c'est la Joie-sans-égale-de-l'amour-maternel !…

Après l'avoir acclamée, les autres Joies, accourues de toutes parts, s'écartent en silence devant la Joie-sans-égale-de-l'amour-maternel.

L'AMOUR MATERNEL. Tyltyl ! Et puis Mytyl !... Comment, c'est vous, c'est vous que je retrouve ici !... Je ne m'attendais pas !... J'étais bien seule à la maison, et voici que tous deux vous montez jusqu'au ciel où rayonnent dans la Joie l'âme de toutes les mères !... Mais d'abord des baisers, des baisers tant qu'on peut !... Tous les deux dans mes bras, il n'y a rien au monde qui donne plus de bonheur !... Tyltyl, tu ne ris pas ?... Ni toi non plus, Mytyl ?... Vous ne connaissez pas l'amour de votre mère ?... Mais regardez-moi donc, et n'est-ce pas mes yeux, mes lèvres et mes bras ?...

TYLTYL. Mais si, je reconnais, mais je ne savais pas... Tu ressembles à Maman, mais tu es bien plus belle...

L'AMOUR MATERNEL. Évidemment, moi, je ne vieillis plus... Et chaque jour qui passe m'apporte de la force, de la jeunesse et du bonheur... Chacun de tes sourires m'allège d'une année... A la maison, cela ne se voit pas, mais ici l'on voit tout, et c'est la vérité...

TYLTYL *(émerveillé, la contemplant et l'embrassant tour à tour)*. Et cette belle robe, en quoi donc qu'elle est faite ?... Est-ce que c'est de la soie, de l'argent ou des perles ?...

L'AMOUR MATERNEL. Non, ce sont des baisers, des regards, des caresses... Chaque baiser qu'on donne y ajoute un rayon de lune ou de soleil.

TYLTYL. C'est drôle je n'aurais jamais cru que tu étais si riche... Où donc la cachais-tu ?... Etait-elle dans l'armoire dont Papa a la clef ?...

L'AMOUR MATERNEL. Mais non, je l'ai toujours, mais on ne la voit pas, parce qu'on ne voit rien quand les yeux sont fermés... Toutes les mères sont riches quand elles aiment leurs enfants... Il n'en est pas de pauvres, il n'en est pas de laides, il n'en est pas de vieilles... Leur amour est toujours la plus belle des Joies... Et quand elles semblent tristes, il suffit d'un baiser qu'elles reçoivent ou qu'elles donnent pour que toutes leurs larmes deviennent des étoiles dans le fond de leurs yeux...

TYLTYL *(la regardant avec étonnement).* Mais oui, c'est vrai, tes yeux, ils sont remplis d'étoiles... Et ce sont bien tes yeux, mais ils sont bien plus beaux... Et c'est ta main aussi, elle a sa petite bague... Elle a même la brûlure que tu t'es faite un soir en allumant la lampe... Mais elle est bien plus blanche et qu'elle a la peau fine !... On dirait qu'on y voit couler de la lumière... Elle ne travaille pas comme celle de la maison ?...

L'AMOUR MATERNEL. Mais si, c'est bien la même ; tu n'avais donc pas vu qu'elle devient toute blanche et s'emplit de lumière dès qu'elle te caresse ?...

TYLTYL. C'est étonnant, Maman, c'est bien ta voix aussi ; mais tu parles bien mieux que chez nous...

L'AMOUR MATERNEL. Chez nous on a bien trop à faire et l'on n'a pas le temps... Mais ce qu'on ne dit pas, on l'entend tout de même... Maintenant que tu m'as vue, me reconnaîtrais-tu, sous ma robe déchirée, lorsque tu rentreras demain dans la chaumière ?...

TYLTYL. Je ne veux pas rentrer... Puisque tu es ici, j'y veux rester aussi, tant que tu y seras...

L'AMOUR MATERNEL. Mais c'est la même chose, c'est là-bas que je suis, c'est là-bas que nous sommes... Tu n'es venu ici que pour te rendre compte et pour apprendre enfin comment il faut me voir quand tu me vois là-bas... Comprends-tu, mon Tyltyl ?... Tu te crois dans le ciel ; mais le ciel est partout où nous nous embrassons... Il n'y a pas deux mères, et tu n'en as pas d'autre... Chaque enfant n'en a qu'une et c'est toujours la même et toujours la plus belle ; mais il faut la connaître et savoir regarder... Mais comment as-tu fait pour arriver ici et trouver une route que les Hommes ont cherchée depuis qu'ils habitent la Terre ?...

TYLTYL *(montrant la Lumière qui, par discrétion, s'est un peu écartée).* C'est elle qui m'a conduit...

L'AMOUR MATERNEL. Qui est-ce ?...

TYLTYL. La Lumière...

L'AMOUR MATERNEL. Je ne l'ai jamais vue... On m'avait dit qu'elle vous aimait bien et qu'elle était très bonne... Mais pourquoi se cache-t-elle ?... Elle ne montre jamais son visage ?...

TYLTYL. Mais si, mais elle a peur que les Bonheurs aient peur s'ils y voyaient trop clair...

L'AMOUR MATERNEL. Mais elle ne sait donc pas que nous n'attendons qu'elle !... *(Appelant les autres Grandes Joies.)* Venez, venez, mes sœurs ! Venez, accourez toutes, c'est la Lumière qui vient enfin nous visiter !...

Frémissement parmi les Grandes Joies qui se rapprochent. Cris ! "La Lumière est ici !... La Lumière, la Lumière !..."

LA JOIE-DE-COMPRENDRE *(écartant toutes les autres pour venir embrasser la Lumière).* Vous êtes la Lumière et nous ne savions pas !... Et voici des années, des années, des années que nous vous attendons !... Me reconnaissez-vous ?... C'est la Joie-de-comprendre qui vous a tant cherchée... Nous sommes très heureuses, mais tous ne voyons pas au-delà de nous-mêmes...

LA JOIE-D'ÊTRE-JUSTE *(embrassant la Lumière à son tour).* Me reconnaissez-vous ?... C'est la Joie-d'être-juste qui vous a tant priée... Nous sommes très heureuses, mais nous ne voyons pas au-delà de nos ombres...

LA JOIE-DE-VOIR-CE-QUI-EST-BEAU *(l'embrassant également).* Me reconnaissez-vous ?... C'est la Joie-des-beautés qui vous a tant aimée... Nous sommes très heureuses, mais nous ne voyons pas au-delà de nos songes...

LA JOIE-DE-COMPRENDRE. Voyez, voyez, ma sœur, ne nous faites plus attendre... Nous sommes assez fortes, nous sommes assez pures... Ecartez donc ces voiles qui nous cachent encore les dernières vérités et les derniers bonheurs... Voyez, toutes mes sœurs s'agenouillent à vos pieds... Vous êtes notre reine et notre récompense...

LA LUMIÈRE *(resserrant ses voiles).* Mes sœurs, mes belles sœurs, j'obéis à mon Maître... L'heure n'est pas venue, elle sonnera peut-être et je vous reviendrai sans craintes et sans ombres… Adieu, relevez-vous, embrassons-nous encore comme des sœurs retrouvées, en attendant le jour qui paraîtra bientôt…

L'AMOUR MATERNEL *(embrassant la Lumière).* Vous avez été bonne pour mes pauvres petits…

LA LUMIÈRE. Je serai toujours bonne autour de ceux qui s'aiment…

LA JOIE-DE-COMPRENDRE *(s'approchant de la Lumière).* Que le dernier baiser soit posé sur mon front…

Elles s'embrassent longuement, et, quand elles se séparent et relèvent la tête, on voit des larmes dans leurs yeux.

TYLTYL *(étonné).* Pourquoi pleurez-vous ?… *(Regardant les autres Joies.)* Tiens ! vous pleurez aussi… Mais pourquoi tout le monde a-t-il des larmes plein les yeux ?…

LA LUMIÈRE. Silence, mon enfant…

Rideau.

ACTE CINQUIÈME

DIXIÈME TABLEAU

LE ROYAUME DE L'AVENIR

Les salles immenses du palais d'Azur, où attendent les enfants qui vont naître. – Infinies perspectives de colonnes de saphir soutenant des voûtes de turquoise. Tout ici, depuis la lumière et les dalles de lapis-lazuli jusqu'aux pulvérulences du fond où se perdent les derniers arceaux, jusqu'aux moindres objets, est d'un bleu irréel, intense, féerique. Seuls les chapiteaux et les socles des colonnes, les clefs de voûte, quelques sièges, quelques bancs circulaires sont de marbre blanc ou d'albâtre. – A droite, entre les colonnes, de grandes portes opalines. Ces portes, dont le Temps, vers la fin de la scène, écartera les battants, s'ouvrent sur la Vie actuelle et les quais de l'Aurore. Partout, peuplant harmonieusement la salle, une foule d'enfants vêtus de longues robes azurées. – Les uns jouent, d'autres se promènent, d'autres causent ou songent ; beaucoup sont endormis, beaucoup aussi travaillent, entre les colonnades, aux inventions futures ; et leurs outils, leurs instruments, les appareils qu'ils construisent, les plantes, les fleurs et les fruits qu'ils cultivent ou qu'ils cueillent sont du même bleu surnaturel et lumineux que l'atmosphère générale du Palais. – Parmi les enfants, revêtues d'un azur plus pâle et plus diaphane, passent et repassent quelques figures de haute taille, d'une beauté souveraine et silencieuse, qui paraissent être des anges.

Entrent à gauche, comme à la dérobée, en se glissant parmi les colonnes du premier plan, Tyltyl, Mytyl et la Lumière.

Leur arrivée provoque un certain mouvement parmi les Enfants Bleus qui bientôt accourent de toutes parts et se groupent autour des insolites visiteurs qu'ils contemplent avec curiosité.

TYLTYL. Où est le Sucre, la Chatte et le bon Pain ?...

LA LUMIÈRE. Ils ne peuvent pas entrer ici ; ils connaîtraient l'Avenir et n'obéiraient plus...

TYLTYL. Et le Chien ?...

LA LUMIÈRE. Il n'est pas bon non plus qu'il sache ce qui l'attend dans la suite des siècles... Je les ai emprisonnés dans les souterrains de l'église...

TYLTYL. Où sommes-nous ?...

LA LUMIÈRE. Nous sommes dans le Royaume de l'Avenir, au milieu des enfants qui ne sont pas encore nés. Puisque le Diamant nous permet de voir clair en cette région que les Hommes n'aperçoivent pas, nous y trouverons fort probablement l'Oiseau Bleu...

TYLTYL. Bien sûr que l'oiseau sera bleu, puisque tout y est bleu... *(Regardant tout autour de soi.)* Dieu que c'est beau tout ça !...

LA LUMIÈRE. Regarde les enfants qui accourent...

TYLTYL. Est-ce qu'ils sont fâchés ?...

LA LUMIÈRE. Pas du tout... Tu vois bien, ils sourient, mais ils sont étonnés...

LES ENFANTS BLEUS *(accourant de plus en plus nombreux).* Des petits Vivants...Venez voir les petits Vivants !...

TYLTYL. Pourquoi qu'ils nous appellent "les petits Vivants" ?...

LA LUMIÈRE. Parce qu'eux, ils ne vivent pas encore ?...

TYLTYL. Qu'est-ce qu'ils font alors ?...

LA LUMIÈRE. Ils attendent l'heure de leur naissance...

TYLTYL. L'heure de leur naissance ?...

LA LUMIÈRE. Oui ; c'est d'ici que viennent tous les enfants qui naissent sur notre Terre. Chacun attend son jour... Quand les Pères et les Mères désirent des enfants, on ouvre les grandes portes que tu vois là, à droite ; et les petits descendent...

TYLTYL. Y en a-t-il ! Y en a-t-il !

LA LUMIÈRE. Il y en a bien davantage... On ne les voit pas tous... Pense donc, il en faut de quoi peupler la fin des temps... Personne ne saurait les compter...

TYLTYL. Et ces grandes personnes bleues, qu'est-ce que c'est ?...

LA LUMIÈRE. On ne sait plus au juste... On croit que ce sont des gardiennes... On dit qu'elles viendront sur Terre après les hommes... Mais il n'est pas permis de les interroger...

TYLTYL. Pourquoi ?

LA LUMIÈRE. Parce que c'est le secret de la Terre...

TYLTYL. Les autres, les petits, on peut leur parler ?...

LA LUMIÈRE. Bien sûr, il faut faire connaissance... Tiens, en voilà un plus curieux que les autres... Approche-toi, parle-lui...

TYLTYL. Qu'est-ce qu'il faut lui dire ?...

LA LUMIÈRE. Ce que tu voudras, comme à un petit camarade...

TYLTYL. Est-ce qu'on peut lui donner la main ?...

LA LUMIÈRE. Evidemment, il ne te fera pas de mal... Mais voyons, n'aie donc pas l'air si emprunté... Je vais vous laisser seuls, vous serez plus à l'aise entre vous... J'ai d'ailleurs à causer avec la Grande Personne Bleue...

TYLTYL *(s'approchant de l'Enfant Bleu et lui tendant la main)*. Bonjour !... *(Touchant du doigt la robe bleue de l'Enfant.)* Qu'est-ce que c'est que ça ?

L'ENFANT *(touchant gravement du doigt le chapeau de Tyltyl)*. Et ça ?…

TYLTYL. Ça ?… C'est mon chapeau… Tu n'as pas de chapeau ?…

L'ENFANT. Non ; pour quoi c'est faire ?…

TYLTYL. C'est pour dire bonjour… Et puis, pour quand il fait froid…

L'ENFANT. Qu'est-ce que c'est faire froid ?…

TYLTYL. Quand on tremble comme ça : brrr ! brrr !… qu'on souffle dans ses mains et qu'on fait aller les bras comme ceci…

Il se brasse vigoureusement.

L'ENFANT. Il fait froid sur la Terre ?…

TYLTYL. Mais oui, des fois, l'hiver, quand on n'a pas de feu…

L'ENFANT. Pourquoi qu'on n'en a pas ?…

TYLTYL. Parce que ça coûte cher et qu'il faut de l'argent pour acheter du bois…

L'ENFANT. Quoi que c'est de l'argent ?

TYLTYL. C'est avec quoi l'on paie…

L'ENFANT. Ah !…

TYLTYL. Il y en a qui en ont, d'autres qui n'en ont point…

L'ENFANT. Pourquoi ?

TYLTYL. C'est qu'ils ne sont pas riches… Est-ce que tu es riche ?… Quel âge as-tu ?…

L'ENFANT. Je vais naître bientôt… Je naîtrai dans douze ans… Est-ce que c'est bon, naître ?…

TYLTYL. Oh oui !… c'est amusant !…

L'ENFANT. Comment que tu as fait ?…

TYLTYL. Je ne me rappelle plus… Il y a si longtemps !…

L'ENFANT. On dit que c'est si beau, la Terre et les Vivants !...

TYLTYL. Mais oui, ce n'est pas mal... Il y a des oiseaux, des gâteaux, des jouets... Quelques-uns les ont tous ; mais ceux qui n'en ont pas peuvent regarder les autres...

L'ENFANT. On nous dit que les Mères attendent à la porte... Elles sont bonnes, est-ce vrai ?...

TYLTYL. Oh oui !... Elles sont meilleures que tout ce qu'il y a !... Les Bonnes-mamans aussi ; mais elles meurent trop vite...

L'ENFANT. Elles meurent ?... Qu'est-ce que c'est ça ?...

TYLTYL. Elles s'en vont un soir, et ne reviennent plus...

L'ENFANT. Pourquoi ?...

TYLTYL. Est-ce qu'on sait ?... Peut-être qu'elles sont tristes...

L'ENFANT. Elle est partie, la tienne ?...

TYLTYL. Ma Bonne-Maman ?...

L'ENFANT. Ta Maman ou ta Bonne-maman, est-ce que je sais, moi ?...

TYLTYL. Ah ! mais ça n'est pas la même chose !... Les Bonnes-mamans s'en vont d'abord ; c'est déjà assez triste... La mienne était très bonne...

L'ENFANT. Qu'est-ce qu'ils ont, tes yeux ?... Est-ce qu'ils font des perles ?...

TYLTYL. Mais non ; c'est pas des perles...

L'ENFANT. Qu'est-ce que c'est alors ?...

TYLTYL. C'est rien, c'est tout ce bleu qui m'éblouit un peu...

L'ENFANT. Comment que ça s'appelle ?...

TYLTYL. Quoi ?....

L'ENFANT. Là, ce qui tombe ?...

TYLTYL. C'est rien, c'est un peu d'eau...

L'ENFANT. Est-ce qu'elle sort des yeux ?...

TYLTYL. Oui, des fois, quand on pleure...

L'ENFANT. Qu'est-ce que c'est pleurer ?

TYLTYL. Moi, je n'ai pas pleuré ; c'est la faute à ce bleu... Mais si j'avais pleuré ce serait la même chose...

L'ENFANT. Est-ce qu'on pleure souvent ?...

TYLTYL. Pas les petits garçons, mais les petites filles... On ne pleure pas ici ?...

L'ENFANT. Mais non, je ne sais pas...

TYLTYL. Eh bien, tu apprendras... Avec quoi que tu joues, ces grandes ailes bleues ?...

L'ENFANT. Ça ?... C'est pour l'invention que je ferai sur Terre...

TYLTYL. Quelle invention ?... Tu as donc inventé quelque chose ?...

L'ENFANT. Mais oui, tu ne sais pas ?... Quand je serai sur Terre, il faudra que j'invente la Chose qui rend Heureux...

TYLTYL. Est-elle bonne à manger ?... Est-ce qu'elle fait du bruit ?...

L'ENFANT. Mais non, on n'entend rien...

TYLTYL. C'est dommage...

L'ENFANT. J'y travaille chaque jour... Elle est presque achevée... Veux-tu voir ?...

TYLTYL. Bien sûr... Où donc est-elle ?...

L'ENFANT. Là, on la voit d'ici, entre ces deux colonnes...

UN AUTRE ENFANT BLEU *(s'approchant de Tyltyl et le tirant par la manche).* Veux-tu voir la mienne, dis ?...

TYLTYL. Mais oui, qu'est-ce que c'est ?...

DEUXIÈME ENFANT. Les trente-trois remèdes pour prolonger la vie… Là, dans ces flacons bleus…

TROISIÈME ENFANT *(sortant de la foule)*. Moi, j'apporte une lumière que personne ne connaît !… *(Il s'illumine tout entier d'une flamme extraordinaire.)* C'est assez curieux, pas ?…

QUATRIÈME ENFANT *(tirant Tyltyl par le bras)*. Viens donc voir ma machine qui vole dans les airs comme un oiseau sans ailes !…

CINQUIÈME ENFANT. Non, non ; d'abord la mienne qui trouve les trésors qui se cachent dans la lune !…

Les Enfants Bleus s'empressent autour de Tyltyl et de Mytyl en criant tous ensemble : "Non, non, viens voir la mienne !… Non, la mienne est plus belle !… La mienne est étonnante !… La mienne est tout en sucre !… La sienne n'est pas curieuse… Il m'en a pris l'idée !…, etc." Parmi ces exclamations désordonnées, on entraîne les petits Vivants du côté des ateliers bleus ; et là, chacun des inventeurs met en mouvement sa machine idéale. C'est un tournoiement céruléen de roues, de disques de volants, d'engrenages, de poulies, de courroies, d'objets étranges et encore innommés qu'enveloppent les bleuâtres vapeurs de l'irréel. Une foule d'appareils bizarres et mystérieux s'élancent et planent sous les voûtes, ou rampent au pied des colonnes, tandis que des enfants déroulent des cartes et des plans, ouvrent des livres, découvrent des statues azurées, apportent d'énormes fleurs, de gigantesques fruits qui semblent formés de saphirs et de turquoises.

UN PETIT ENFANT BLEU *(courbé sous le poids de colossales pâquerettes d'azur)*. Regardez donc mes fleurs !…

TYLTYL. Qu'est-ce que c'est ?… Je ne les connais pas…

LE PETIT ENFANT BLEU. Ce sont des pâquerettes !…

TYLTYL. Pas possible !… Elles sont grandes comme des roues…

LE PETIT ENFANT BLEU. Et ce qu'elles sentent bon !…

TYLTYL *(les humant)*. Prodigieux !...

LE PETIT ENFANT BLEU. Elles seront comme ça quand je serai sur Terre...

TYLTYL. Quand donc ?...

LE PETIT ENFANT BLEU. Dans cinquante-trois ans, quatre mois et neuf jours...

Arrivent deux Enfants Bleus qui portent comme un lustre, pendue à une perche, une invraisemblable grappe de raisins dont les baies sont plus grosses que des poires.

L'UN DES ENFANTS QUI PORTENT LA GRAPPE. Que dis-tu de mes fruits ?...

TYLTYL. Une grappe de poires !...

L'ENFANT. Mais non, c'est des raisins !... Ils seront tous ainsi, lorsque j'aurai trente ans... J'ai trouvé le moyen...

UN AUTRE ENFANT *(écrasé sous une corbeille de pommes bleues grosses comme des melons)*. Et moi !... Voyez mes pommes !...

TYLTYL. Mais ce sont des melons !...

L'ENFANT. Mais non !... Ce sont mes pommes, et les moins belles encore !... Toutes seront de même quand je serai vivant... J'ai trouvé le système !...

UN AUTRE ENFANT *(apportant sur une brouette bleue des melons bleus plus gros que des citrouilles)*. Et mes petits melons ?...

TYLTYL. Mais ce sont des citrouilles !...

L'ENFANT AUX MELONS. Quand je viendrai sur Terre, les melons seront fiers !... Je serai le jardinier du Roi des neuf Planètes...

TYLTYL. Le Roi des neuf Planètes ?... Où est-il ?...

LE ROI DES NEUFS PLANÈTES *(s'avançant fièrement. Il semble avoir quatre ans et peut à grand-peine se tenir debout sur ses petites jambes torses)*. Le voici !

TYLTYL. Eh bien ! tu n'es pas grand…

LE ROI DES NEUFS PLANÈTES *(grave et sentencieux).* Ce que je ferai sera grand.

TYLTYL. Qu'est-ce que tu feras ?

LE ROI DES NEUFS PLANÈTES. Je fonderai la Confédération générale des Planètes solaires.

TYLTYL *(interloqué).* Ah, vraiment ?

LE ROI DES NEUFS PLANÈTES. Toutes en feront partie, excepté Saturne, Uranus et Neptune qui sont à des distances exagérées et incommensurables.

Il se retire avec dignité.

TYLTYL. Il est intéressant…

UN ENFANT BLEU. Et vois-tu celui-là ?

TYLTYL. Lequel ?

L'ENFANT. Là, le petit qui dort au pied de la colonne…

TYLTYL. Eh bien ?

L'ENFANT. Il apportera la joie pure sur le Globe…

TYLTYL. Comment ?…

L'ENFANT. Par des idées qu'on n'a pas encore eues…

TYLTYL. Et l'autre, le petit gros qui a les doigts dans le nez, qu'est-ce qu'il fera, lui ?…

L'ENFANT. Il doit trouver le feu pour réchauffer la Terre quand le Soleil sera plus pâle…

TYLTYL. Et les deux qui se tiennent par la main et s'embrassent tout le temps ; est-ce qu'ils sont frère et sœur ?…

L'ENFANT. Mais non, ils sont très drôles… Ce sont les Amoureux…

TYLTYL. Qu'est-ce que c'est ?…

L'ENFANT. Je ne sais pas… C'est le Temps qui les appelle ainsi pour s'en moquer… Ils se regardent tout le jour dans les yeux, ils s'embrassent et se disent adieu…

TYLTYL. Pourquoi ?

L'ENFANT. Il paraît qu'ils ne pourront pas partir ensemble…

TYLTYL. Et le petit tout rose, qui semble si sérieux et qui suce son pouce, qu'est-ce que c'est ?…

L'ENFANT. Il paraît qu'il doit effacer l'Injustice sur la Terre…

TYLTYL. Ah ?…

L'ENFANT. On dit que c'est un travail effrayant…

TYLTYL. Et le petit rousseau qui marche comme s'il ne voyait pas. Est-ce qu'il est aveugle ?…

L'ENFANT. Pas encore ; mais il le deviendra… Regarde le bien ; il paraît qu'il doit vaincre la Mort…

TYLTYL. Qu'est-ce que ça veut dire ?…

L'ENFANT. Je ne sais pas au juste ; mais on dit que c'est grand…

TYLTYL *(montrant une foule d'enfants endormis au pied des colonnes, sur les marches, les bancs, etc.)*. Et tous ceux-là qui dorment – comme il y en a qui dorment ! – est-ce qu'ils ne font rien ?…

L'ENFANT. Ils pensent à quelque chose…

TYLTYL. A quoi ?

L'ENFANT. Ils ne le savent pas encore ; mais ils doivent apporter quelque chose sur la Terre ; il est défendu de sortir les mains vides…

TYLTYL. Qui est-ce qui le défend ?…

L'ENFANT. C'est le Temps qui se tient à la porte… Tu verras quand il ouvrira… Il est bien embêtant…

UN ENFANT *(accourant du fond de la salle, en fendant la foule)*. Bonjour, Tyltyl !…

TYLTYL. Tiens !… Comment sait-il mon nom ?

L'ENFANT *(qui vient d'accourir et qui embrasse Tyltyl et Mytyl avec effusion)*. Bonjour !… Ça va bien ?… – Voyons, embrasse-moi, et toi aussi Mytyl… Ce n'est pas étonnant que je sache ton nom, puisque je serai ton frère… On vient seulement de me dire que tu es là… J'étais tout au bout de la salle, en train d'emballer mes idées… – Dis à Maman que je suis prêt…

TYLTYL. Comment ?… Tu comptes venir chez nous ?

L'ENFANT. Bien sûr, l'année prochaine, le dimanche des Rameaux… Ne me tourmente pas trop quand je serai petit… Je suis bien content de vous avoir embrassés d'avance… – Dis à Papa qu'il répare le berceau… – Est-ce qu'on est bien chez nous ?…

TYLTYL. Mais on n'y est pas mal… Et Maman est si bonne !…

L'ENFANT. Et la nourriture ?…

TYLTYL. Ça dépend… Il y a même des jours où l'on a des gâteaux, n'est-il pas vrai, Mytyl ?…

MYTYL. Au nouvel an et le Quatorze Juillet… C'est Maman qui les fait…

TYLTYL. Qu'as-tu là, dans ce sac ?… Tu nous apportes quelque chose ?…

L'ENFANT *(très fièrement)*. J'apporte trois maladies : la fièvre scarlatine, la coqueluche et la rougeole…

TYLTYL. Eh bien, si c'est tout ça !… Et après, que feras-tu ?…

L'ENFANT. Après ?… Je m'en irai…

TYLTYL. Ce sera bien la peine de venir !…

L'ENFANT. Est-ce qu'on a le choix ?…

A ce moment, on entend s'élever et se répandre une sorte de vibration prolongée, puissante et cristalline qui semble émaner des colonnes et des portes d'opale que touche une lumière plus vive.

TYLTYL. Qu'est-ce que c'est ?...

UN ENFANT. C'est le Temps !... Il va ouvrir les portes !...

Aussitôt, un vaste remous se propage dans la foule des Enfants Bleus. La plupart quittent leurs machines et leurs travaux, de nombreux dormeurs s'éveillent, et les uns comme les autres tournent les yeux vers les portes d'opale et se rapprochent de celles-ci.

LA LUMIÈRE *(rejoignant Tyltyl).* Tâchons de nous dissimuler derrière les colonnes... Il ne faut pas que le Temps nous découvre...

TYLTYL. D'où vient ce bruit ?...

UN ENFANT. C'est l'Aurore qui se lève... C'est l'heure où les enfants qui naîtront aujourd'hui vont descendre sur Terre...

TYLTYL. Comment qu'ils descendront ?... Il y a des échelles ?...

L'ENFANT. Tu vas voir... Le Temps tire les verrous...

TYLTYL. Qu'est-ce que c'est le Temps ?...

L'ENFANT. C'est un vieil homme qui vient appeler ceux qui partent...

TYLTYL. Est-ce qu'il est méchant ?...

L'ENFANT. Non, mais il n'entend rien... On a beau supplier, quand ce n'est pas leur tour, il repousse tous ceux qui voudraient s'en aller...

TYLTYL. Est-ce qu'ils sont heureux de partir ?...

L'ENFANT. On n'est pas content quand on reste ; mais on est triste quand on s'en va... Là ! Là !... Voilà qu'il ouvre !...

Les grandes portes opalines roulent lentement sur leurs gonds. On entend, comme une musique lointaine, les rumeurs de la Terre. Une clarté rouge et verte pénètre dans la salle ; et le Temps, haut vieillard à la barbe flottante, armé de sa faux et de son sablier, paraît sur le seuil, tandis qu'on aperçoit l'extrémité des voiles blanches et dorées d'une galère amarrée à une sorte de quai que forment les vapeurs roses de l'Aurore.

LE TEMPS *(sur le seuil)*. Ceux dont l'heure est sonnée sont-ils prêts ?...

DES ENFANTS BLEUS *(fendant la foule et accourant de toutes parts)*. Nous voici !... Nous voici !... Nous voici !...

LE TEMPS *(d'une voix bourrue, aux enfants qui défilent devant lui pour sortir)*. Un à un !... Il s'en présente encore beaucoup plus qu'il n'en faut !... C'est toujours la même chose !... On ne me trompe pas !... *(Repoussant un enfant.)* Ce n'est pas ton tour !... Rentre, c'est pour demain... Toi non plus, rentre donc et reviens dans dix ans... Un treizième berger ?... Il n'en fallait que douze ; on n'en a plus besoin, nous ne sommes plus au temps de Théocrite ou de Virgile... Encore des médecins ?... Il y en a déjà trop ; on s'en plaint sur la Terre... Et les ingénieurs, où sont-ils ?... On veut un honnête homme, un seul, comme phénomène... Où donc est l'honnête homme ?... C'est toi ?... *(L'enfant fait signe que oui.)* Tu m'as l'air bien chétif... tu ne vivras pas longtemps !... Holà, vous autres, là, pas si vite !... Et toi, qu'apportes-tu ?... Rien du tout ? Les mains vides ?... Alors on ne passe pas... Prépare quelque chose, un grand crime, si tu veux, ou une maladie, moi, cela m'est égal... mais il faut quelque chose... *(Avisant un petit que d'autres poussent en avant et qui résiste de toutes ses forces.)* Eh bien, toi, qu'as-tu donc ?... Tu sais bien que c'est l'heure... On demande un héros qui combatte l'Injustice ; c'est toi, il faut partir...

LES ENFANTS BLEUS. Il ne veut pas, monsieur...

LE TEMPS. Comment ?… Il ne veut pas ? Où donc se croit-il, ce petit avorton ?… Pas de réclamations, nous n'avons pas le temps…

LE PETIT *(que l'on pousse).* Non, non !… Je ne veux pas !… J'aime mieux ne pas naître !… J'aime mieux rester ici !…

LE TEMPS. Il ne s'agit pas de ça… Quand c'est l'heure, c'est l'heure !… Allons, vite, en avant !…

UN ENFANT *(s'avançant).* Oh ! laissez-moi passer !… J'irai prendre sa place !… On dit que mes parents sont vieux et m'attendent depuis si longtemps !…

LE TEMPS. Pas de ça… L'heure est l'heure et le temps est le temps… On n'en finirait pas si l'on vous écoutait… L'un veut, l'autre refuse, c'est trop tôt, c'est trop tard… *(Ecartant des enfants qui ont envahi le seuil.)* Pas si près, les petits… Arrière les curieux… Ceux qui ne partent pas n'ont rien à voir dehors… Maintenant vous avez hâte ; puis, votre tour venu, vous aurez peur et vous reculerez… Tenez, en voilà quatre qui tremblent comme des feuilles… *(A un enfant qui, sur le point de franchir le seuil, rentre brusquement.)* Eh bien, quoi ?… Qu'as-tu donc ?…

L'ENFANT. J'ai oublié la boîte qui contient les deux crimes que je devrai commettre…

UN AUTRE ENFANT. Et moi le petit pot qui renferme l'idée pour éclairer les foules…

TROISIÈME ENFANT. J'ai oublié la greffe de ma plus belle poire !...

LE TEMPS. Courez vite les chercher !… Il ne nous reste plus que six cent douze secondes… La galère de l'Aurore bat déjà des voiles pour montrer qu'elle attend… Vous arriverez trop tard et vous ne naîtrez plus… Allons, vite, embarquons !… *(Saisissant un enfant qui veut lui passer entre les jambes pour gagner le quai.)* Ah ! toi, non, par exemple !… C'est la troisième fois que tu essaies de naître avant ton tour... Que je ne t'y prenne plus, sinon ce sera l'attente éternelle près de ma sœur l'Eternité ; et tu sais qu'on ne s'y amuse pas... Mais voyons, sommes-nous prêts ?... Tout le monde est à son poste ?... *(Parcourant du regard les enfants réunis sur le quai ou déjà assis dans la galère.)* Il en manque encore un... Il a beau se cacher, je le vois dans la foule... On ne me trompe pas... Allons, toi, le petit qu'on appelle l'Amoureux, dis adieu à ta belle...

Les deux petits qu'on appelle "les Amoureux", tendrement enlacés et le visage livide de désespoir, s'avancent vers le Temps et s'agenouillent à ses pieds.

PREMIER ENFANT. Monsieur le Temps, laissez-moi partir avec lui !...

DEUXIÈME ENFANT. Monsieur le Temps, laissez-moi rester avec elle !...

LE TEMPS. Impossible !... Il ne nous reste plus que trois cent quatre-vingt-quatorze secondes...

PREMIER ENFANT. J'aime mieux ne pas naître !...

LE TEMPS. On n'a pas le choix...

DEUXIÈME ENFANT *(suppliant)*. Monsieur le Temps, j'arriverai trop tard !...

PREMIER ENFANT. Je ne serai plus là quand elle descendra !...

DEUXIÈME ENFANT. Je ne le verrai plus !...

PREMIER ENFANT. Nous serons seuls au monde !...

LE TEMPS. Tout ça ne me regarde pas... Réclamez auprès de la Vie... Moi, j'unis, je sépare, selon ce qu'on m'a dit... *(Saisissant l'un des enfants.)* Viens !...

PREMIER ENFANT *(se débattant)*. Non, non, non !... Elle aussi !...

DEUXIÈME ENFANT *(s'accrochant aux vêtements du premier)*. Laissez-le !... Laissez-le !...

LE TEMPS. Mais, voyons, ce n'est pas pour mourir, c'est pour vivre !... *(Entraînant le premier enfant.)* Viens !...

DEUXIÈME ENFANT *(tendant éperdument les bras vers l'enfant qu'on enlève)*. Un signe !... Un seul signe !... Dis-moi, comment te retrouver !...

PREMIER ENFANT. Je t'aimerai toujours !...

DEUXIÈME ENFANT. Je serai la plus triste !... Tu me reconnaîtras !...

Elle tombe et reste étendue sur le sol.

LE TEMPS. Vous feriez beaucoup mieux d'espérer... Et maintenant, c'est tout... *(Consultant son sablier.)* Il ne nous reste plus que soixante-trois secondes...

Derniers et violents remous parmi les enfants qui partent et qui demeurent. – On échange des adieux précipités : "Adieu, Pierre !... Adieu Jean... – As-tu tout ce qu'il faut ?... Annonce ma pensée !... – N'as-tu rien oublié ?... – Tâche de me reconnaître !... – Je te retrouverai !... – Ne perds pas tes idées !... – Ne te penche pas trop sur l'Espace !... – Donne-moi de tes nouvelles !... – On dit qu'on ne peut pas !... – Si, si !... essaie toujours !... – Tâche de dire ci c'est beau !... – J'irai à ta rencontre !... – Je naîtrai sur un trône !...", etc.

LE TEMPS *(agitant ses clefs et sa faux)*. Assez ! assez !... L'ancre est levée !

Les voiles de la galère passent et disparaissent. On entend s'éloigner les cris des enfants dans la galère : "Terre !... Terre !... Je la vois ! Elle est belle ! Elle est claire !... Elle est grande !..." Puis, comme sortant du fond de l'abîme, un chant extrêmement lointain d'allégresse et d'attente.

TYLTYL *(à la Lumière)*. Qu'est-ce ?... Ce n'est pas eux qui chantent... On dirait d'autres voix...

LA LUMIÈRE. Oui, le chant des Mères qui viennent à leur rencontre...

Cependant, le Temps referme les portes opalines. Il se retourne pour jeter un dernier regard dans la salle, et soudain aperçoit Tyltyl, Mytyl et la Lumière.

LE TEMPS *(stupéfait et furieux)*. Qu'est-ce que c'est ?… Que faites-vous ici ?… Qui êtes-vous ?… Pourquoi n'êtes-vous pas bleus ?… Par où êtes-vous entrés ?…

Il s'avance en les menaçant de sa faux.

LA LUMIÈRE *(à Tyltyl)*. Ne réponds pas !… J'ai l'Oiseau Bleu… Il est caché sous ma mante… Sauvons-nous… Tourne le Diamant, il perdra notre trace…

Ils s'esquivent à gauche, entre les colonnes du premier plan.

Rideau.

ACTE SIXIÈME

ONZIÈME TABLEAU
L'ADIEU

La scène représente un mur percé d'une petite porte. C'est la pointe du jour.

Entrent : Tyltyl, Mytyl, la Lumière, le Pain, le Sucre, le Feu et le Lait.

LA LUMIÈRE. Tu ne devinerais jamais où nous sommes…

TYLTYL. Bien sûr que non, la Lumière, puisque je ne sais pas…

LA LUMIÈRE. Tu ne reconnais pas ce mur et cette petite porte ?…

TYLTYL. C'est un mur rouge et une petite porte verte…

LA LUMIÈRE. Et ça ne te rappelle rien ?

TYLTYL. Ça me rappelle que le Temps nous a mis à la porte…

LA LUMIÈRE. Qu'on est bizarre quand on rêve… On ne reconnaît pas sa propre main…

TYLTYL. Qui est-ce qui rêve ?… Est-ce moi ?…

LA LUMIÈRE. C'est peut-être moi… Qu'en sait-on ?… En attendant, ce mur entoure une maison que tu as vue plus d'une fois depuis ta naissance…

TYLTYL. Une maison que j'ai vue plus d'une fois ?

LA LUMIÈRE. Mais oui, petit endormi !… C'est la maison que nous avons quittée un soir, il y a tout juste, jour pour jour, une année…

TYLTYL. Il y a tout juste une année ?... Mais alors ?...

LA LUMIÈRE. N'ouvre pas des yeux comme des grottes de saphir... C'est elle, c'est la bonne maison des parents...

TYLTYL *(s'approchant de la porte)*. Mais je crois... En effet... Il me semble... cette petite porte... Je reconnais la chevillette... Ils sont là ?... Nous sommes près de Maman ?... Je veux entrer tout de suite... Je veux l'embrasser tout de suite !...

LA LUMIÈRE. Un instant... Ils dorment profondément ; il ne faut pas les réveiller en sursaut... Du reste, la porte ne s'ouvrira que lorsque l'heure sonnera...

TYLTYL. Quelle heure ?... Il y a longtemps à attendre ?...

LA LUMIÈRE. Hélas, non !... quelques pauvres minutes...

TYLTYL. Tu n'es pas heureuse de rentrer ?... Qu'as-tu donc, la Lumière ?... Tu es pâle, on dirait que tu es malade...

LA LUMIÈRE. Ce n'est rien, mon enfant... Je me sens un peu triste, parce que je vais vous quitter...

TYLTYL. Nous quitter ?...

LA LUMIÈRE. Il le faut... Je n'ai plus rien à faire ici ; l'année est révolue, la Fée va revenir et te demander l'Oiseau Bleu...

TYLTYL. Mais c'est que je ne l'ai pas, l'Oiseau Bleu !... Celui du Souvenir est devenu tout noir, celui de l'Avenir est devenu tout rouge, ceux de la Nuit sont morts et je n'ai pas pu prendre celui de la Forêt... Est-ce ma faute à moi s'ils changent de couleur, s'ils meurent ou s'ils s'échappent ?... Est-ce que la Fée sera fâchée, et qu'est-ce qu'elle dira ?...

LA LUMIÈRE. Nous avons fait ce que nous avons pu... Il faut croire qu'il n'existe pas, l'Oiseau Bleu ; ou qu'il change de couleur lorsqu'on le met en cage...

TYLTYL. Où est-elle, la cage ?...

LE PAIN. Ici, maître... Elle fut confiée à mes soins diligents durant ce long et périlleux voyage ; aujourd'hui que ma mission prend fin, je vous la restitue, intacte et bien fermée, telle que je la reçus... *(Comme un orateur qui prend la parole.)* Maintenant, au nom de tous, qu'il me soit permis d'ajouter quelques mots...

LE FEU. Il n'a pas la parole !...

L'EAU. Silence !...

LE PAIN. Les interruptions malveillantes d'un ennemi méprisable, d'un rival envieux... *(Elevant la voix.)* ne m'empêcheront pas d'accomplir mon devoir jusqu'au bout... C'est donc au nom de tous...

LE FEU. Pas au mien... J'ai une langue !...

LE PAIN. C'est donc au nom de tous et, avec une émotion contenue mais sincère et profonde, que je prends congé de deux enfants prédestinés, dont la haute mission se termine aujourd'hui. En leur disant adieu avec toute l'affliction et toute la tendresse qu'une mutuelle estime...

TYLTYL. Comment ? Tu dis adieu ?... Tu nous quittes donc aussi ?...

LE PAIN. Hélas ! Il faut bien... Je vous quitte, il est vrai ; mais la séparation ne sera qu'apparente, vous ne m'entendrez plus parler...

LE FEU. Ce ne sera pas malheureux !...

L'EAU. Silence !...

LE PAIN *(très digne)*. Cela ne m'atteint point... Je disais donc : vous ne m'entendrez plus, vous ne me verrez plus sous ma forme animée... Vos yeux vont se fermer à la vie invisible des choses ; mais je serai toujours là, dans la huche, sur la planche, sur la table, à côté de la soupe, moi aussi, j'ose le dire, le plus fidèle commensal et le plus vieil ami de l'Homme...

LE FEU. Eh bien, et moi ?...

LA LUMIÈRE. Voyons, les minutes passent, l'heure est près de sonner qui va nous faire rentrer dans le silence... Hâtez-vous d'embrasser les enfants...

LE FEU *(se précipitant).* Moi d'abord, d'abord moi !... *(Il embrasse violemment les enfants.)* Adieu, Tyltyl et Mytyl !... Adieu, mes chers petits... Souvenez-vous de moi si jamais vous avez besoin de quelqu'un pour mettre le Feu quelque part...

MYTYL. Aïe ! aïe !... Il me brûle !...

TYLTYL. Aïe ! aïe ! Il me roussit le nez !...

LA LUMIÈRE. Voyons, le Feu, modérez un peu vos transports... Vous n'avez pas affaire à votre cheminée...

L'EAU. Quel idiot !...

LE PAIN. Est-il mal élevé !...

L'EAU *(s'approchant des enfants).* Je vous embrasserai sans vous faire de mal, tendrement, mes enfants...

LE FEU. Prenez garde, ça mouille !...

L'EAU. Je suis aimante et douce ; je suis bonne aux humains...

LE FEU. Et les noyés ?...

L'EAU. Aimez bien les Fontaines, écoutez les Ruisseaux... Je serai toujours là...

LE FEU. Elle a tout inondé !...

L'EAU. Quand vous vous assiérez, le soir, au bord des Sources, – il y en a plus d'une ici, dans la forêt – essayez de comprendre ce qu'elles essaient de dire... Je ne peux plus... Les larmes me suffoquent et m'empêchent de parler...

LE FEU. Il n'y paraît point !...

L'EAU. Souvenez-vous de moi lorsque vous verrez la carafe... Vous me trouverez également dans le broc, dans l'arrosoir, dans la citerne et dans le robinet...

LE SUCRE *(naturellement papelard et doucereux).* S'il reste une petite place dans votre souvenir, rappelez-vous que parfois ma présence vous fut douce... Je ne puis vous en dire davantage... Les larmes sont contraires à mon tempérament, et me font bien du mal quand elles tombent sur mes pieds...

LE PAIN. Jésuite !…

LE FEU *(glapissant)*. Sucre d'orge ! berlingots ! caramels !…

TYLTYL. Mais où donc sont passés Tylette et Tylô ?… Que font-ils ?…

Au même moment, on entend des cris aigus poussés par la Chatte.

MYTYL *(alarmée)*. C'est Tylette qui pleure !… On lui fait du mal !…

Entre en courant la Chatte hérissée, dépeignée, les vêtements déchirés, et tenant son mouchoir sur la joue, comme si elle avait mal aux dents. Elle pousse des gémissements courroucés et est serrée de très près par le Chien qui l'accable de coups de tête, de coups de poing et de coups de pied.

LE CHIEN *(battant la Chatte)*. Là !… En as-tu assez ?… En veux-tu encore ?… Là ! là ! là !…

LA LUMIÈRE, TYLTYL et MYTYL *(se précipitant pour les séparer)*. Tylô !… Es-tu fou ?… Par exemple !… A bas !… Veux-tu finir !… A-t-on jamais vu !… Attends ! attends !…

On les sépare énergiquement.

LA LUMIÈRE. Qu'est-ce que c'est ?… Que s'est-il passé ?…

LA CHATTE *(pleurnichant et s'essuyant les yeux)*. C'est lui, madame la Lumière… Il m'a dit des injures, il a mis des clous dans ma soupe, il m'a tiré la queue, il m'a roué de coups, et je n'avais rien fait, rien du tout, rien du tout !…

LE CHIEN *(l'imitant)*. Rien du tout, rien du tout !… *(A mi-voix, lui faisant la nique.)* C'est égal, t'en as eu, t'en as eu, et du bon, et t'en auras encore !…

MYTYL *(serrant la Chatte dans ses bras)*. Ma pauvre Tylette, dis-moi donc où c'est que t'as mal… Je vais pleurer aussi !…

LA LUMIÈRE *(au Chien, sévèrement)*. Votre conduite est d'autant plus indigne que vous choisissez pour nous donner ce triste spectacle le moment, déjà assez pénible par lui-même, où nous allons nous séparer de ces pauvres enfants…

LE CHIEN *(subitement dégrisé)*. Nous séparer de ces pauvres enfants ?…

LA LUMIÈRE. Oui, l'heure que vous savez va sonner… Nous allons rentrer dans le Silence… Nous ne pourrons plus leur parler…

LE CHIEN *(poussant tout à coup de véritables hurlements de désespoir et se jetant sur les enfants qu'il accable de caresses violentes et tumultueuses)*. Non, non !… Je ne veux pas !… Je ne veux pas !… Je parlerai toujours !… Tu me comprendras maintenant, n'est-ce pas, mon petit dieu ?… Oui, oui, oui !… Et l'on se dira tout, tout, tout !… Et je serai bien sage… Et j'apprendrai à lire, à écrire, et à jouer aux dominos !… Et je serai toujours très propre… Et je ne volerai plus rien dans la cuisine… Veux-tu que je fasse quelque chose d'étonnant ?… Veux-tu que j'embrasse la Chatte ?…

MYTYL *(à la chatte)*. Et toi, Tylette?… Tu n'as rien à nous dire.

LA CHATTE *(pincée, énigmatique)*. Je vous aime tous deux, autant que vous le méritez…

LA LUMIÈRE. Maintenant, qu'à mon tour, mes enfants, je vous donne le dernier baiser…

TYLTYL et MYTYL *(s'accrochant à la robe de la Lumière)*. Non, non, non, la Lumière !… Reste ici, avec nous !… Papa ne dira rien… Nous dirons à Maman que tu as été bonne…

LA LUMIÈRE. Hélas ! je ne peux pas… Cette porte nous est fermée et je dois vous quitter…

TYLTYL. Où iras-tu toute seule ?

LA LUMIÈRE. Pas bien loin, mes enfants ; là-bas, dans le pays du Silence des choses…

TYLTYL. Non, non ; je ne veux pas… Nous irons avec toi… Je dirai à Maman…

LA LUMIÈRE. Ne pleurez pas, mes chers petits… Je n'ai pas de voix comme l'Eau ; je n'ai que ma clarté que l'Homme n'entend point… Mais je veille sur lui jusqu'à la fin des jours… Rappelez-vous bien que c'est moi qui vous parle dans chaque rayon de lune qui s'épanche, dans chaque étoile qui sourit, dans chaque aurore qui se lève, dans chaque lampe qui s'allume, dans chaque pensée bonne et claire de votre âme… *(Huit heures sonnent derrière le mur.)* Ecoutez !… L'heure sonne… Adieu !… La porte s'ouvre !… Entrez, entrez, entrez !…

Elle pousse les enfants dans l'ouverture de la petite porte qui vient de s'entrebâiller et se referme sur eux. – Le Pain essuie une larme furtive, le Sucre, l'Eau, tout en pleurs, etc., fuient précipitamment et disparaissent à droite et à gauche, dans la coulisse. Hurlements du Chien à la cantonade. La scène reste vide un instant, puis le décor figurant le mur de la petite porte s'ouvre par le milieu, pour découvrir le dernier tableau.

DOUZIÈME TABLEAU
LE RÉVEIL

Le même intérieur qu'au premier tableau, mais tout, les murs, l'atmosphère, y paraît incomparablement, féeriquement plus frais, plus riant, plus heureux. – La lumière du jour filtre gaiement par toutes les fentes des volets clos.

A droite, au fond de la pièce, en leurs deux petits lits, Tyltyl et Mytyl sont profondément endormis. – La Chatte, le Chien et les Objets sont à la place qu'ils occupaient au premier tableau, avant l'arrivée de la Fée. – Entre la Mère Tyl.

LA MÈRE TYL *(d'une voix allégrement grondeuse).* Debout, voyons, debout ! les petits paresseux !… Vous n'avez donc pas honte ?… Huit heures sont sonnées le soleil est déjà plus haut que la forêt !… Dieu ! qu'ils dorment, qu'ils dorment !… *(Elle se penche et embrasse les enfants.)* Ils sont tout roses… Tyltyl sent la lavande et Mytyl le muguet… *(Les embrassant encore.)* Que c'est bon les enfants !… Ils ne peuvent pourtant pas dormir jusqu'à midi… On ne peut pas en faire des paresseux… Et puis, je me suis laissé dire que ce n'est pas trop bon pour la santé… *(Secouant doucement Tyltyl.)* Allons, allons, Tyltyl…

TYLTYL *(s'éveillant).* Quoi ?… La Lumière ?… Où est-elle ? Non non, ne t'en va pas…

LA MÈRE TYL. La Lumière ?… Mais bien sûr qu'elle est là… Il y a déjà pas mal de temps… Il fait aussi clair qu'à midi, bien que les volets soient fermés… Attends un peu que je les ouvre… *(Elle pousse les volets, l'aveuglante clarté du grand jour envahit la pièce.)* Là, voilà !… Qu'est-ce que t'as ?… T'as l'air tout aveuglé…

TYLTYL *(se frottant les yeux).* Maman, Maman !… C'est toi !…

LA MÈRE TYL. Mais bien sûr que c'est moi… Qui veux-tu que ce soit ?…

TYLTYL. C'est toi… Mais oui, c'est toi !…

LA MÈRE TYL. Mais oui, c'est moi… Je n'ai pas changé de visage cette nuit… Qu'as-tu donc à me regarder comme un émerveillé ?… J'ai peut-être le nez à l'envers ?…

TYLTYL. Oh ! que c'est bon de te revoir !… Il y a si longtemps, si longtemps ! Il faut que je t'embrasse tout de suite… Encore, encore, encore !… Et puis, c'est bien mon lit !… Je suis dans la maison !…

LA MÈRE TYL. Qu'est-ce que t'as ?… Tu ne t'éveilles pas ? T'es pas malade, au moins ?… Voyons, montre ta langue… Allons lève-toi donc et puis habille-toi…

TYLTYL. Tiens ! je suis en chemise !…

LA MÈRE TYL. Bien sûr… Passe ta culotte et ta petite veste… Elles sont là, sur la chaise…

TYLTYL. Est-ce que j'ai fait ainsi tout mon voyage ?...

LA MÈRE TYL. Quel voyage ?...

TYLTYL. Mais oui, l'année dernière...

LA MÈRE TYL. L'année dernière ?...

TYLTYL. Mais oui, donc !... A Noël, lorsque je suis parti...

LA MÈRE TYL. Lorsque t'es parti ?... T'as pas quitté la chambre... Je t'ai couché hier soir, et je te retrouve ce matin... T'as donc rêvé tout ça ?

TYLTYL. Mais tu ne comprends pas !... C'était l'année passée, lorsque je suis parti avec Mytyl, la Fée, la Lumière... elle est bonne, la Lumière ! le Pain, le Sucre, l'Eau, le Feu. Ils se battaient tout le temps... T'es pas fâchée ?... T'as pas été trop triste ?... Et Papa, qu'a-t-il dit ?... Je ne pouvais pas refuser... J'ai laissé un billet pour expliquer...

LA MÈRE TYL. Qu'est-ce que tu chantes là ?... Bien sûr que t'es malade, ou bien tu dors encore... *(Elle lui donne une bourrade amicale.)* Voyons, réveille-toi... Voyons, ça va-t-il mieux ?...

TYLTYL. Mais, Maman, je t'assure... C'est toi qui dors encore...

LA MÈRE TYL. Comment ! je dors encore ?... Je suis debout depuis six heures... J'ai fait tout le ménage et rallumé le feu...

TYLTYL. Mais demande à Mytyl si c'est pas vrai... Ah ! nous en avons eu des aventures !...

LA MÈRE TYL. Comment, Mytyl ?... Quoi donc ?...

TYLTYL. Elle était avec moi... Nous avons revu Bon-papa et Bonne-maman...

LA MÈRE TYL *(de plus en plus ahurie)*. Bon-papa et Bonne-maman ?...

TYLTYL. Oui, au pays du Souvenir... C'était sur notre route... Ils sont morts, mais ils se portent bien... Bonne-maman nous a fait une belle tarte aux prunes... Et puis les petits frères, Pierrot, Robert, Jean, sa toupie, Madeleine et Pierrette, Pauline et puis Riquette...

MYTYL. Riquette, elle marche à quatre pattes !...

TYLTYL. Et Pauline a toujours son bouton sur le nez...

MYTYL. Nous t'avons vue aussi hier au soir.

LA MÈRE TYL. Hier au soir ? Ce n'est pas étonnant puisque je t'ai couchée.

TYLTYL. Non, non, aux jardins des Bonheurs, tu étais bien plus belle, mais tu te ressemblais...

LA MÈRE TYL. Le jardin des Bonheurs ? Je ne connais pas ça...

TYLTYL *(la contemplant, puis l'embrassant).* Oui, tu étais plus belle, mais je t'aime mieux comme ça...

MYTYL *(l'embrassant également).* Moi aussi, moi aussi...

LA MÈRE TYL *(attendrie, mais fort inquiète).* Mon Dieu ! qu'est-ce qu'ils ont ?... Je vais les perdre aussi, comme j'ai perdu les autres !... *(Subitement affolée, elle appelle.)* Papa Tyl ! Papa Tyl !... Venez donc ! Les petits sont malades !...

Entre le Père Tyl, très calme, une hache à la main.

LE PÈRE TYL. Qu'y a-t-il ?...

TYLTYL et MYTYL *(accourant joyeusement pour embrasser leur père).* Tiens, Papa... C'est Papa !... Bonjour, Papa !... Tu as bien travaillé cette année ?...

LE PÈRE TYL. Eh bien, quoi ?... Qu'est-ce que c'est ?... Ils n'ont pas l'air malade ; ils ont fort bonne mine...

LA MÈRE TYL *(larmoyante).* Il ne faut pas s'y fier... Ce sera comme les autres... Ils avaient fort bonne mine aussi, jusqu'à la fin ; et puis le bon Dieu les a pris... Je ne sais ce qu'ils ont... Je les avais couchés bien tranquillement hier au soir ; et ce matin, quand ils s'éveillent, voilà que tout va mal… ils ne savent plus ce qu'ils disent ; ils parlent d'un voyage… Ils ont vu la Lumière, Bon-papa, Bonne-maman, qui sont morts mais qui se portent bien…

TYLTYL. Mais Bon-papa, il a toujours sa jambe de bois…

MYTYL. Et Bonne-maman ses rhumatismes…

LA MÈRE TYL. Tu entends ?… Cours chercher le médecin !…

LE PÈRE TYL. Mais non, mais non… Ils ne sont pas encore morts… Voyons, nous allons voir… *(On frappe à la porte de la maison.)* Entrez !

Entre la Voisine, petite vieille qui ressemble à la Fée du premier acte, et qui marche en s'appuyant sur un bâton.

LA VOISINE. Bien le bonjour et bonne fête à tous !

TYLTYL. C'est la Fée Bérylune !

LA VOISINE. Je viens chercher un peu de feu pour mon pot-au-feu de la fête… Il fait bien frisquet ce matin… Bonjour, les enfants, ça va bien ?…

TYLTYL. Madame la Fée Bérylune, je n'ai pas trouvé l'Oiseau Bleu…

LA VOISINE. Que dit-il ?…

LA MÈRE TYL. Ne m'en parlez pas, madame Berlingot… Ils ne savent plus ce qu'ils disent… Ils sont comme ça depuis leur réveil… Ils ont dû manger quelque chose qui n'était pas bon…

LA VOISINE. Eh bien, Tyltyl, tu ne reconnais pas la mère Berlingot, ta voisine Berlingot ?…

TYLTYL. Mais si, madame… Vous êtes la Fée Bérylune… Vous n'êtes pas fâchée ?…

LA VOISINE. Béry… quoi ?

TYLTYL. Bérylune.

LA VOISINE. Berlingot, tu veux dire Berlingot…

TYLTYL. Bérylune, Berlingot, comme vous voudrez, madame, mais Mytyl qui sait bien…

LA MÈRE TYL. Voilà le pis, c'est que Mytyl aussi…

LE PÈRE TYL. Bah, bah !… Cela se passera ; je vais leur donner quelques claques…

LA VOISINE. Laissez donc, ce n'est pas la peine… Je connais ça ; c'est rien qu'un peu de songeries… Ils auront dormi dans un rayon de lune… Ma petite fille qu'est bien malade est souvent comme ça…

LA MÈRE TYL. A propos, comment qu'elle va, ta petite fille ?

LA VOISINE. Couci-couci… Elle ne peut se lever… Le docteur dit que c'est les nerfs… Tout de même je sais bien ce qui la guérirait… Elle me le demandait encore ce matin, pour son petit Noël ; c'est une idée qu'elle a…

LA MÈRE TYL. Oui, je sais, c'est toujours l'oiseau de Tyltyl… Eh bien, Tyltyl, ne vas-tu pas le lui donner enfin, à cette pauvre petite ?…

TYLTYL. Quoi, Maman ?…

LA MÈRE TYL. Ton oiseau… Pour ce que tu en fais… Tu ne le regardes même plus… Elle en meurt d'envie depuis si longtemps !…

TYLTYL. Tiens, c'est vrai, mon oiseau… Où est-il ?… Ah ! mais voilà la cage !… Mytyl, vois-tu la cage ?… C'est celle que portait le Pain… Oui, oui, c'est bien la même ; mais il n'y a plus qu'un oiseau… Il a donc mangé l'autre ?… Tiens, tiens !… Mais il est bleu !… Mais c'est ma tourterelle !… Mais elle est bien plus bleue que quand je suis parti !… Mais c'est l'Oiseau Bleu que nous avons cherché !… Nous sommes allés si loin et il était ici !… Ah ! ça, c'est épatant !… Mytyl, vois-tu l'oiseau ?… Que dirait la Lumière ?… Je vais décrocher la cage… *(Il monte sur une chaise et décroche la cage qu'il apporte à la Voisine.)* La voilà, madame Berlingot… Il n'est pas encore tout à fait bleu ; ça viendra, vous verrez… Mais portez-le bien vite à votre petite fille…

LA VOISINE. Non ?… Vrai ?… Tu me le donnes, comme ça, tout de suite et pour rien ?… Dieu ! qu'elle va être heureuse !… *(Embrassant Tyltyl.)* Il faut que je t'embrasse !… Je me sauve !… Je me sauve !…

TYLTYL. Oui, oui ; allez vite… Il y en a qui changent de couleur…

LA VOISINE. Je reviendrai vous dire ce qu'elle aura dit…

Elle sort.

TYLTYL *(après avoir longuement regardé autour de soi).* Papa, Maman ; qu'avez-vous fait à la maison ?… C'est la même chose ; mais elle est bien plus belle…

LE PÈRE TYL. Comment, elle est plus belle ?…

TYLTYL. Mais oui, tout est repeint, tout est remis à neuf, tout reluit, tout est propre… Ça n'était pas comme ça, l'année dernière…

LE PÈRE TYL. L'année dernière ?…

TYLTYL *(allant à la fenêtre).* Et la forêt qu'on voit !… Est-elle grande, est-elle belle !… On croirait qu'elle est neuve !… Qu'on est heureux ici !… *(Allant ouvrir la huche.)* Où est le Pain ?… Tiens, ils sont bien tranquilles… Et puis, voilà Tylô !… Bonjour, Tylô, Tylô !… Ah ! tu t'es bien battu !… Te rappelles-tu dans la forêt ?…

MYTYL. Et Tylette ?… Elle me reconnaît bien, mais elle ne parle plus…

TYLTYL. Monsieur le Pain… *(Se tâtant le front.)* Tiens, je n'ai plus le Diamant ! Qui est-ce qui m'a pris mon petit chapeau vert ?… Tant pis ! je n'en ai plus besoin… – Ah ! le Feu !… Il est bon !… Il pétille en riant pour faire enrager l'Eau… *(Courant à la fontaine.)* – Et l'Eau ?… Bonjour, l'Eau !… Que dit-elle ?… Elle parle toujours, mais je ne la comprends plus aussi bien…

MYTYL. Je ne vois pas le Sucre…

TYLTYL. Dieu que je suis heureux, heureux, heureux !…

MYTYL. Moi aussi, moi aussi !...

LA MÈRE TYL. Qu'ont-ils donc à tourniller comme ça ?...

LE PÈRE TYL. Laisse donc, t'inquiète pas... Ils jouent à être heureux...

TYLTYL. Moi, j'aimais surtout la Lumière... Où est sa lampe ?... Est-ce qu'on peut l'allumer ?... *(Regardant encore autour de soi.)* Dieu ! que c'est beau tout ça et que je suis content !...

On frappe à la porte de la maison.

LE PÈRE TYL. Entrez donc !...

Entre la Voisine, tenant par la main une petite fille d'une beauté blonde et merveilleuse qui serre dans ses bras la tourterelle de Tyltyl.

LA VOISINE. Vous voyez le miracle !...

LA MÈRE TYL. Pas possible !... Elle marche ?...

LA VOISINE. Elle marche ! C'est-à-dire qu'elle court, qu'elle danse, qu'elle vole !... Quand elle a vu l'oiseau, elle a sauté, comme ça, d'un saut, vers la fenêtre, pour voir à la lumière si c'était bien la tourterelle de Tyltyl !... Et puis pfff !... dans la rue, comme un ange... C'est tout juste si je pouvais la suivre...

TYLTYL *(s'approchant, émerveillé)*. Oh ! qu'elle ressemble à la Lumière !...

MYTYL. Elle est bien plus petite...

TYLTYL. Sûr !... Mais elle grandira...

LA VOISINE. Que disent-ils ?... Ça ne va pas encore ?...

LA MÈRE TYL. Ça va mieux, ça se passe... Quand ils auront déjeuné, il n'y paraîtra plus...

LA VOISINE *(poussant la petite fille dans les bras de Tyltyl)*. Allons, va, ma petite, va remercier Tyltyl...

Tyltyl, soudainement intimidé, recule d'un pas.

LA MÈRE TYL. Eh bien, Tyltyl, qu'est-ce que t'as ?... T'as peur de la petite fille ?... Voyons, embrasse-la... Voyons, un gros baiser... Mieux que ça... Toi si effronté d'habitude !... Encore un !... Mais qu'est-ce donc que t'as ?... On dirait que tu vas pleurer...

Tyltyl, après avoir gauchement embrassé la petite fille, reste un moment debout devant elle, et les deux enfants se regardent sans rien dire ; puis, Tyltyl caressant la tête de l'oiseau.

TYLTYL. Est-ce qu'il est assez bleu ?...

LA PETITE FILLE. Mais oui, je suis contente...

TYLTYL. J'en ai vu de plus bleus... Mais les tout à fait bleus, tu sais, on a beau faire, on ne peut pas les attraper.

LA PETITE FILLE. Ça ne fait rien, il est bien joli...

TYLTYL. Est-ce qu'il a mangé ?...

LA PETITE FILLE. Pas encore... Qu'est-ce qu'il mange ?...

TYLTYL. De tout, du blé, du pain, du maïs, des cigales.

LA PETITE FILLE. Comment qu'il mange, dis ?...

TYLTYL. Par le bec, tu vas voir, je vais te montrer...

Il va pour prendre l'oiseau des mains de la petite fille ; celle-ci résiste instinctivement, et, profitant de l'hésitation de leur geste, la tourterelle s'échappe et s'envole.

LA PETITE FILLE *(poussant un cri de désespoir)*. Maman !... Il est parti !...

Elle éclate en sanglots.

TYLTYL. Ce n'est rien... Ne pleure pas... Je le rattraperai... *(S'avançant sur le devant de la scène et s'adressant au public.)* Si quelqu'un le retrouve, voudrait-il nous le rendre ?... Nous en avons besoin pour être heureux plus tard...

Rideau.

LECTURE

On cherche aussi, nous autres,
le grand secret.

HENRI MICHAUX

"Il y a quelquefois dans un siècle des œuvres qui naissent avec le signe de la grâce. Il serait vain d'analyser leurs mérites : elles sont là, et elles plaisent ; elles sont nées d'un miracle ; il faut leur laisser la pureté des miracles. Celle-ci ne pouvait naître que d'un sentiment de gratuité, de liberté ; elle est comme un chant de délivrance, inconcevable sans la longue souffrance préalable de l'emprisonnement[1]."

Ainsi Pierre-Aimé Touchard concluait-il son étude sur *L'Oiseau bleu* en 1962, invitant lecteurs et spectateurs de la féerie à se laisser prendre par le miracle et à renoncer à toute analyse. La tentation du silence est grande, en effet, pour tous ceux que charme encore la pièce la plus célèbre de Maeterlinck.

Sur un point précis, cependant, il ne me paraît pas vain d'esquisser un commentaire. On sait que les metteurs en scène et les comédiens ont éprouvé beaucoup de difficultés à rendre perceptibles, lors des représentations, les deux aspects fondamentaux de *L'Oiseau bleu* qui sont la féerie, le conte naïf pour enfants et, d'autre part, la méditation philosophique sous-jacente. Même chez Stanislavski, selon la critique moscovite, le chatoiement du monde fantastique dominait, au détriment de l'inspiration mystique.

Quant aux exégètes de Maeterlinck, influencés peut-être par l'image que donnaient de *L'Oiseau bleu* les mises en scène à grand spectacle, ils ont généralement traité à la légère le contenu philosophique de la pièce, jugé banal, superficiel[2].

Et pourtant une pensée profonde se dissimule parmi les

jeux et les fantaisies souriantes de *L'Oiseau bleu*, pensée qui entretient des rapports étroits avec les principaux essais de Maeterlinck. Celui-ci nous en avait prévenus, d'ailleurs : "Cet Oiseau qui n'a l'air de rien est en réalité plus difficile à traduire qu'une page de philosophie[3]", écrivait-il à son ami, l'illustrateur Charles Doudelet. Les pages qui suivent voudraient relever, quelque peu, le défi lancé par Maeterlinck.

Ce que cache L'Oiseau bleu

En un certain sens, le mystérieux Oiseau bleu qui donne son titre à la féerie et qui relie entre eux les douze tableaux qui la composent n'est qu'un prétexte. Il se présente d'ailleurs comme un leurre.

De cet oiseau il est dit qu'il peut révéler "le grand secret des choses et du bonheur" et que, si on parvient à le capturer, on "saura tout", on "verra tout". Dans les divers lieux où Tyltyl s'aventure, il le retrouve, s'en empare, mais chaque fois la prise est suivie d'une déception immédiate :

Mais c'est que je ne l'ai pas, l'Oiseau bleu !... Celui du Souvenir est devenu tout noir, celui de l'Avenir est devenu tout rouge, ceux de la Nuit sont morts et je n'ai pas pu prendre celui de la forêt... Est-ce ma faute à moi s'ils changent de couleur, s'ils meurent ou s'échappent ?

(Acte VI, 11)

Mirages, vaines apparences qui font dire à la Lumière :

Il faut croire qu'il n'existe pas, l'Oiseau bleu...

Ce paradoxe est bien connu des lecteurs de Maeterlinck ; il était déjà au cœur de la treizième des *Quinze Chansons* :

J'ai cherché trente ans, mes sœurs,
Où s'est-il caché ? (...)
Il était partout, mes sœurs,
Et n'existe pas...

Une ultime péripétie fait néanmoins resurgir l'Oiseau bleu, au moment où on ne l'attendait plus, dans la maison même des enfants :

Mais c'est ma tourterelle !... Mais elle est bien plus bleue que quand je suis parti !... Mais c'est là l'Oiseau bleu que nous avons cherché !... Nous sommes allés si loin et il était ici !

(Acte VI, 12)

Mais l'oiseau, après avoir opéré une guérison miraculeuse, s'échappe définitivement des mains des enfants.

De prime abord, donc, la quête de l'Oiseau bleu s'avère déceptive : il est insaisissable. Sa recherche semble un pur prétexte pour conduire les deux enfants dans une série de lieux fantastiques dont plusieurs appartiennent à l'Autre Monde : le Pays du Souvenir, le Palais de la Nuit, le Royaume de l'Avenir[4].

Cependant, la promesse dont l'Oiseau bleu était porteur s'accomplit peu à peu, au cours des pérégrinations de Tyltyl et Mytyl, grâce au Diamant merveilleux procuré par la Fée. A chaque étape de son voyage, Tyltyl use du fabuleux pouvoir du Diamant, lequel permet de voir "la vérité des choses", c'est-à-dire ce qu'il y a "*dans* les choses", au-delà des apparences.

Or l'Oiseau bleu promettait de dévoiler "le grand secret des choses", ou encore "les mystères de la vie". N'est-ce pas la même fonction magique ? Avec cette différence, toutefois, que l'Oiseau bleu promettait un bonheur immédiat, tandis que le Diamant, qu'il faut promener de lieu en lieu, ne révèle que peu à peu le vrai visage du monde, en faisant s'évanouir les apparences trompeuses. L'Oiseau bleu joue donc bien le rôle d'un leurre : cependant que les enfants le poursuivent, persuadés qu'il faut le capturer pour obtenir le bonheur, des expériences décisives provoquées par cette poursuite transforment, à leur insu, leur existence.

Les six lieux visités par les enfants sont, en effet, à chaque fois, l'occasion d'une révélation importante.

En fait, le Diamant apparaît comme l'arme de la Lumière, cette grande puissance qui s'est mise du côté de l'homme, à qui la Fée a confié sa baguette et qui guide les enfants dans leur périple.

Chacune des six étapes du parcours de Tyltyl et Mytyl apporte sa révélation. L'ensemble nous permet de dégager la philosophie latente de Maeterlinck et la sagesse qui en découle.

1. *Le Pays du Souvenir* : grâce au Diamant, les enfants peuvent retrouver leurs grands-parents morts et apprennent ce secret qu'ignorent les vivants : les morts dont on se souvient continuent à vivre.

2. *Le Palais de la Nuit* : toujours armé du Diamant, Tyltyl force la Nuit, détentrice des derniers secrets de la Nature, à ouvrir les portes des cavernes où elle a enfermé les Mystères. La dernière porte, selon la Nuit, donne sur un abîme d'horreurs dont on ne peut revenir. Or Tyltyl, ayant eu le courage de l'ouvrir, découvre "le plus inattendu des jardins de rêve, irréel, infini, ineffable, où... de féeriques oiseaux bleus évoluent harmonieusement jusqu'aux confins de l'horizon".

3. *La Forêt* : le Diamant délivre l'âme des grands arbres et des animaux. Mais ceux-ci, parce qu'ils ont été trop longtemps tyrannisés par l'homme, manifestent leur hostilité à son égard. Tyltyl ne doit son salut qu'à l'intervention du chien, le seul à prendre son parti.

4. *Le Cimetière* : A minuit, dans un cimetière, Tyltyl et Mytyl, terrorisés, s'attendent à voir se dresser les morts, révélés par la magie du Diamant. Or, à leur grande surprise, des tombes béantes "monte une floraison... blanche et virginale... surabondante et merveilleuse, qui peu à peu... transforme le cimetière en une sorte de jardin féerique et nuptial". Les enfants doivent se rendre à l'évidence : "Il n'y a pas de morts."

5. *Le Jardin des Bonheurs* : les "Gros Bonheurs", obèses et vulgaires, s'y livrent à une orgie. L'intervention du Diamant les fait se dégonfler et suscite, à leur place, l'âme des Bonheurs ainsi que les Grandes Joies, belles figures angéliques parmi lesquelles rayonne la Joie-de-l'amour-maternel.

6. *Le Royaume de l'Avenir* : dans un palais d'Azur, Tyltyl et Mytyl découvrent les enfants qui vont naître ; ils apprennent que chaque enfant prépare avec fièvre ce qu'il est tenu d'apporter sur terre : une idée ou une invention qui améliorera le sort de l'homme. Ainsi chacun vient sur terre avec sa destinée.

A part cette dernière péripétie, chaque séquence renverse totalement les idées reçues et les croyances habituelles : la vérité s'avère toujours l'exact contraire des apparences. Ces révélations touchent évidemment au fond philosophique à partir duquel Maeterlinck tente d'interpréter le monde. On reconnaît surtout deux grands thèmes qu'il a abordés dans ses essais : l'existence d'une âme universelle et le caractère illusoire de la mort.

Le thème de l'âme du monde

Lorsque Maeterlinck met en scène l'âme du Pain, du Lait, du Chien, du Chat, des arbres de toute la forêt et même des Bonheurs, il ne s'agit là nullement d'inventions fantaisistes mais de représentations concrètes (avec une légère anthropomorphisation) de thèses qui ont été au centre de la plupart des grandes philosophies du passé.

Par ses lectures, Maeterlinck se rattachait directement à la philosophie de la Nature du romantisme allemand, vaste courant qui reprend et prolonge les spéculations platoniciennes et néo-platoniciennes relatives à l'existence d'une Ame du Monde. Jean Brun a bien précisé en quoi les conceptions de Platon sont aux antipodes de la vision actuelle des choses

La notion d'Ame du Monde nous paraît une superstition vide de sens parce que nous considérons le Monde comme une machine ; or Platon et ses contemporains voyaient en lui un vivant qui était animé parce qu'il possédait une âme[5].

Cette Ame du Monde est un principe spirituel omniprésent, qui anime l'ensemble de la création. Les âmes individuelles des minéraux, des plantes, des animaux et des hommes ne sont que des émanations ou des aspects de cette grande âme cosmique.

Dans ce monde pourvu d'une âme, tout se tient et il y a une véritable communauté des vivants. L'âme humaine ne se distingue de l'âme animale que parce qu'elle s'élève jusqu'à la conscience de soi.

Le romantisme reprendra cette vision des choses, parce qu'elle lui paraît la seule à garantir "une intelligibilité globale du monde[6]" :

Tous les vivants, apparentés, exposent, chacun à sa place et selon la manière qui lui est propre, des moments d'un développement providentiel (...). La marque du romantisme est cette charité cosmique, cette sympathie universelle qui relie l'homme à l'homme, sans distinction d'âge, de race ou de sexe, mais qui unit aussi l'homme à l'animal et au paysage ; l'âne et le crapaud, l'arbre, le rocher, le nuage au ciel, créatures fraternelles, porteuses, chacune pour les autres, d'harmonies évoquant une vocation commune[7].

Ces conceptions ont fortement marqué les écrivains romantiques. Ce sont elles qui sont à la source de tels vers célèbres de Lamartine :

Objets inanimés avez-vous donc une âme
Qui s'attache à notre âme et la force d'aimer[8] ?

ou de Nerval :

Chaque fleur est une âme à la Nature éclose ; (...)
Un pur esprit s'accroît sous l'écorce des pierres[9] !

Chez Maeterlinck, l'idée de l'Ame du Monde est parfois explicitement formulée sous les espèces d'un fluide ou d'une intelligence :

Une intelligence éparse, générale, une sorte de fluide universel pénètre diversement (...) les organismes qu'il rencontre[10].

Dans *L'Oiseau bleu,* le plus curieux est que, lorsque l'âme des arbres et des animaux peut se manifester, elle se révolte contre l'homme. Cette péripétie s'explique également à la lumière des thèses de la philosophie de la Nature des romantiques. Nous avons déjà dit qu'il existe pour les philosophes allemands une solidarité cosmique entre tous les vivants, du minéral à l'homme ; ce dernier a pour fonction principale de récapituler le grand dessein de la création : il doit en faire la somme et être le porte-parole des êtres antérieurs, ceux qui l'ont précédé dans le schéma de l'évolution créatrice ; détenteur du sens de toute la création, il doit manifester celui-ci[11].

Or Maeterlinck pense que l'homme moderne respecte de moins en moins la création et manque à son devoir de "charité cosmique". Son orgueil, sa volonté de puissance le poussent à asservir et à exploiter aveuglément ceux dont il a la charge. Le message de saint François paraît bien oublié. C'est pourquoi les arbres et les animaux projettent d'éliminer l'Homme en la personne de Tyltyl.

Le thème de la mort

Le message qui émane de la première et de la quatrième séquence est clair : il n'y a pas de mort ; les terreurs que peuvent nous occasionner la pensée de la mort ou la menace des morts reposent sur un complet malentendu.

Cette croyance se rattache directement aux conceptions fondamentales de la philosophie romantique de la Nature. La continuité qui règne entre les êtres qui constituent l'univers vivant implique que la mort ne soit rien d'autre qu'un simple passage, un transfert à l'intérieur de l'âme du monde :

> *Mourir, c'est seulement un passage à une autre vie, et non à une mort totale.*
>
> LORENZ OKENFUSS dit OKEN[12]

> *La mort transfère l'esprit en quelque autre lieu dans la grande association, le réveille quelque part ailleurs.*
>
> NOVALIS[13]

Maeterlinck, lui-même, qui a consacré tout un livre à dédramatiser les terreurs de la mort, a multiplié les analyses qui tentent de la ramener à une apparence. Ne déclare-t-il pas quelque part que la mort est "une invention de l'homme[14]" ? Pour lui comme pour les romantiques allemands, vie et mort ne sont que des étapes dans la vie continue de l'Ame du Monde :

La vie et la mort se confondent, les vivants et les morts ne sont que des moments à peine différents d'une existence unique et infinie et ne forment qu'une même famille immortelle[15].

Sagesse

Une sagesse découle tout naturellement de cette philosophie, sagesse que certains ont parfois trouvée un peu courte et qui, pourtant, rejoint l'enseignement des grands moralistes.

Le propre du Diamant est de révéler l'âme des choses et des êtres, c'est-à-dire de faire *voir* ce qu'ils sont réellement. Il met fin ainsi à un aveuglement des humains qui remonte loin, sans doute à la porte du Paradis terrestre :

Depuis la mort des fées, les hommes n'y voient plus du tout et ne s'en doutent point.

(Acte I, 1)

L'essentiel de ce processus de révélation se ramène toujours à une modification du regard, comme le rappelle la Lumière à Tyltyl, lorsque celui-ci découvre la vérité du Jardin des Bonheurs :

Nous n'avons pas changé de place ; ce sont tes yeux qui ont changé de sphère... Nous voyons à présent la vérité des choses.

(Acte IV, 9)

Ainsi les enfants vont découvrir comment était réellement leur maison, la vie qu'ils y menaient, et quelle était la profondeur de l'amour de leur mère. C'est ce qu'expliquait à Tyltyl le double sublimé de sa mère, "la Joie-de-l'amour-maternel", qui lui apparaît :

Maintenant que tu m'as vue, me reconnaîtras-tu, sous ma robe déchirée, lorsque tu rentreras demain dans la chaumière ? (...)

Tu n'es venu ici que pour te rendre compte et pour comprendre enfin comment il faut me voir quand tu me vois là-bas...

(Acte IV, 9)

"Il faut savoir regarder" : telle serait la leçon de *L'Oiseau bleu.* Toute véritable transformation qui entraîne un progrès moral ne peut être qu'une modification intérieure des dispositions de l'être, qui lui permet de s'ouvrir réellement à autrui et au monde.

C'est sans doute sous l'influence d'Emerson, dont il a préfacé les *Essais*, que Maeterlinck s'est ouvert à cette inépuisable richesse du quotidien :

Emerson est venu affirmer avec simplicité cette grandeur égale et secrète de notre vie[16].

Il n'y a pas d'heures sans miracles intimes et sans significations ineffables[17].

A l'arrière-plan de ces méditations, fréquentes dans la littérature postromantique, on retrouve le plus souvent l'intuition que le paradis est resté, énigmatiquement, tout proche de notre monde ; qu'un rien même les sépare. Ainsi Dostoïevski, dans *Les Frères Karamazov* va jusqu'à affirmer qu'une simple conversion mentale suffirait à nous rendre l'Eden perdu :

Nous ne comprenons pas que la vie est le paradis, car il suffit de souhaiter le comprendre et aussitôt le paradis apparaîtra devant nous dans toute sa beauté.

Plus près de nous, dans cette longue méditation maeterlinckienne qu'est *L'herbe qui tremble,* Paul Willems reprend ce motif du regard transfigurateur. Lui aussi est en quête des “débris de paradis” ou des “reflets de paradis” dont notre monde est encore parsemé. Comment les retrouver ? Seuls le silence et la contemplation permettent d’entrevoir, nous dit Paul Willems, l’ange qui se cache derrière chaque objet[18].

Chez Maeterlinck aussi, c’est le Paradis terrestre qui se profile discrètement chaque fois que le Diamant magique a opéré sa transmutation. C’est lui que suggèrent implicitement les nombreux jardins qui surgissent de la destruction des terreurs irrationnelles.

Ainsi, dans l’épisode du Palais de la Nuit, l’abîme de l’horreur dont la déesse menace Tyltyl s’avère être “le plus inattendu des jardins de rêve” habité par de féeriques oiseaux bleus. Pareillement, l’angoissant Cimetière est métamorphosé, à minuit, en “une sorte de jardin féerique et nuptial”. Quant aux Jardins des Bonheurs, sous l’action du Diamant, ils se peuplent de “formes angéliques… vêtues de robes lumineuses”. Tous ces jardins féeriques hantés par des anges sont des évocations de l’Eden, l’arrière-pays insoupçonné de notre monde quotidien.

Relevons encore, mais cela ne doit pas surprendre de la part de Maeterlinck qui plaçait très haut le féminin[19], que dans ces jardins et ces palais de l’autre monde où se passent la plupart des scènes de *L’Oiseau bleu* ne règnent que de grandes figures féminines[20] : la fée Bérylune, la Nuit, la Lumière, les Grandes Joies et, la plus sublime, l’Amour maternel. L’Eden rêvé par Maeterlinck est manifestement d’Essence maternelle.

Un aspect important de la sagesse qui émane de *L’Oiseau bleu* concerne notre rapport aux morts. Si ceux-ci ne sont pas réellement morts, s’ils poursuivent dans l’Au-delà une sorte de vie grâce au souvenir de ceux qui leur restent fidèles, nous avons donc le pouvoir d’adoucir la dure réalité de la séparation. C’est ce que la fée fait comprendre aux enfants au sujet de leurs grands-parents :

> *Comment seraient-ils morts puisqu’ils vivent dans votre souvenir ?… Grâce au Diamant, tu vas voir que les morts dont on se souvient vivent aussi heureux que s’ils n’étaient point morts…*
>
> (Acte II, 2)

Nous sommes donc solidaires et responsables de nos morts.

On aurait tort de croire que la vénérable métaphysique platonicienne, qui forme l'arrière-plan de la féerie de Maeterlinck, a perdu toute actualité. Elle alimente un débat qui reste très vif, aujourd'hui encore, et dont l'enjeu est religieux, philosophique, voire politique.

Les thèses relatives à l'Ame du Monde ont été reprises, ces dernières années, par un groupe de penseurs animé par le grand orientaliste Henry Corbin et où l'on retrouve, entre autres, Mircéa Eliade, Gilbert Durand et le romancier Frédérik Tristan. Tous attendent de l'Ame du Monde, identifiée à l'antique Sophia, qu'elle rétablisse le chaînon manquant entre le divin et le monde "désenchanté" qui, littéralement, a perdu son âme[21].

Mais, d'autre part, une série d'avatars du platonisme alexandrin (ésotérisme, panthéisme, prééminence du féminin...) ont fait l'objet d'une attaque en règle serrée, dans le brillant essai de Philippe Muray, *Le XIXe Siècle à travers les âges.* Maeterlinck n'y est pas étudié, mais l'auteur signale dans sa préface qu'il regrette de n'avoir pu l'aborder dans le détail :

Quelques écrivains manquent, on le sentira. J'ai certains regrets assez vifs. (...) Maeterlinck surtout (...). L'occulte Flamand, l'intelligence des fleurs, le diamant magique, Tyltyl et Mytyl[22]*...*

La thèse de l'âme des êtres inférieurs est spécialement visée par Muray, qui est heureux de trouver déjà en Baudelaire un adversaire résolu du panthéisme romantique. Ne résistons pas au plaisir de citer, après lui, cette amusante protestation indignée de Baudelaire :

Vous me demandez... des vers sur la nature *? Mais vous savez bien que je suis incapable de m'attendrir sur les végétaux... je ne croirai jamais que* l'âme des Dieux habite les plantes, *et, quand même elle y habiterait, je m'en soucierais médiocrement et considérerais la mienne comme d'un plus haut prix que celle des légumes sanctifiés*[23].

Cette lettre rageuse de Baudelaire, l'immense pamphlet de près de sept cents pages de Philippe Muray ne sont-ils pas *aussi* des indices de la singulière résistance d'un vieux rêve métaphysique qui nous vient du fond des âges ?

NOTES

1. P.-A. Touchard, "Le Dramaturge", in *Maurice Maeterlinck,* sous la direction de J. Hanse et R. Vivier, Bruxelles, La Renaissance du Livre, 1962, p. 386.

2. Il faut mettre à part l'excellente étude de Paul Gorceix intitulée "L'Oiseau bleu : Märchen initiatique", in *Les Affinités allemandes dans l'œuvre de M. Maeterlinck*, Paris, Presses Universitaires de France, 1975, p. 341-355. La présente lecture lui doit beaucoup.

3. Lettre à Ch. Doudelet du 7/7/1907, *Annales M. Maeterlinck*, t. I, 1955, p. 113.

4. La trame narrative de notre féerie est constituée en majorité d'une suite de pérégrinations dans l'autre monde. Ce type de narration appartient à la plus ancienne couche des récits de l'humanité (avec les récits d'initiation) et a donné des textes aussi divers que *Le Livre des Morts* des Egyptiens, *La Divine Comédie* de Dante, *Les Mémorables* de Swedenborg ou *Aurélia* de Gérard de Nerval. Sur le fond, Maeterlinck a peu inventé : la tradition connaît les voyages au pays des morts, les visites aux divinités archaïques (Les Mères du *Faust* de Goethe), le séjour au pays de Cocagne ou au "pays des âmes à naître" (cf. F. Bar, *Les Routes de l'autre monde,* Paris, Presses Universitaires de France, 1946, p. 1).

Selon Vladimir Propp, le but premier de ces pérégrinations était d'obtenir l'omniscience et, par là, la toute-puissance (*Les Racines historiques du conte merveilleux*, Paris, Gallimard, 1983, p. 389-390).

5. J. Brun, "Platon et l'Ame du Monde", in *Sophia et l'Ame du Monde*, Paris, Albin Michel, 1983, p. 54.

6. G. Gusdorf, *L'Homme romantique,* Paris, Payot, 1984, p. 170.

7. *Idem*, p. 172.

8. "Milly ou la Terre natale", in *Harmonies poétiques et religieuses*, III, 2.
9. "Vers dorés", in *Chimères*.
10. M. Maeterlinck, *L'Intelligence des fleurs,* Fasquelle, 1907, p. 105.
11. D'après G. Gusdorf, *op. cit.*, p. 162-170.
12. Cité par G. Gusdorf, *op. cit.,* p. 185.
13. Novalis, *Fragments,* traduits par M. Maeterlinck avec *Les Discià Saïs*, p. 239.
14. M. Maeterlinck, *Devant Dieu*, Fasquelle, 1937, p. 107.
15. M. Maeterlinck, *Les Débris de la guerre,* Fasquelle, 1916, p. 194.
16. M. Maeterlinck, "Préface" aux *Huit Essais d'Emerson*, Bruxelles, L. Collignon, 1927, p. XVII.
17. *Idem*, p. XIV-XV.
18. Cf. M. Otten, "Débris de Paradis", Lecture du fragment dans *L'herbe qui tremble,* in *Le Monde de Paul Willems*, Bruxelles, Labor, 1984, p. 25-31, et "Reflets de Paradis", in *Lectures de Paul Willems,* Bruxelles, *Textyles* n° 5, novembre 1988, p. 87-103.
19. Cf. M. Maeterlinck, "Sur les femmes", in *Le Trésor des humbles,* Bruxelles, Labor, Espace Nord, 1986, p. 51-60, et *Introduction à une psychologie des songes et autres écrits,* Bruxelles, Labor, Archives du futur, 1985, p. 57 : "La femme est plus près de Dieu que l'homme."
20. Le texte suggère cependant – mais en passant – que tout dépend finalement d'un mystérieux Maître (Acte IV, 9). Mais cette figure masculine n'intéresse manifestement pas Maeterlinck.
21. Voir *Sophia et l'Ame du Monde,* Paris, Albin Michel, 1983, "Cahiers de l'Hermétisme" et *Le Combat pour l'Ame du Monde*, Paris, Berg International, 1980. "Cahiers de l'Université Saint-Jean de Jérusalem", n° 6.
22. Ph. Muray, *Le XIXe siècle à travers les âges,* Denoël, 1984, coll. "L'Infini".
23. *Idem*, p. 658.

PRINCIPALES MISES EN SCÈNE DE *L'OISEAU BLEU*

1908 : Moscou, Théâtre artistique, mise en scène : Stanislavski, décors : Egorov.
1909 : Londres, Haymarket Theatre, mise en scène : Herbert Trench, décors : Cayley Robinson et S. H. Sims.
1910 : New York, New Theatre.
1911 : Paris, Théâtre Réjane, mise en scène : Sulerziski, d'après Stanislavski, décors : Egorov.
1911 : Vienne, Deutsches Volkstheater, mise en scène : Leopold Kramer, décors : Heinrich Lefler.
1912 : Berlin, Deutsches Theater, mise en scène : Max Reinhardt, décors : Ernst Stern.
1912 : Prague, Théâtre national, mise en scène : J. Kvapil.
1919-1920 : Genève, Théâtre Pitoeff.
1920 : Tokyo, Théâtre populaire. Reprise en 1925.
1925 : Prague, Théâtre municipal, mise en scène : Jean Bor, décors et costumes : A.V. Hrska.
1930 : Japon ; nombreux spectacles de marionnettes pour enfants par la suite.
1962 : Hammersmith, Lyric Theatre.
1979 : Reggio Emilia, Théâtre municipal, traduction et mise en scène : Luca Ronconi, décors : Luca Ronconi et Saro Turco, décors : Vera Marzot.
1980 : Bruxelles, Rideau de Bruxelles, mise en scène et décors : Thierry Salmon.
1988 : Aubervilliers, Théâtre de la Commune, mise en scène : Alfredo Arias, décors : Roberto Plate.
1988 : Sofia, Théâtre national Ivan Vazov.

ADAPTATIONS CINÉMATOGRAPHIQUES DE *L'OISEAU BLEU*

1911 : Russie. A. Alexeiev (théâtre filmé) : Acteurs du Théâtre populaire de Saint-Pétersbourg.
1918 : Etats-Unis. M. Tourneur *(The Blue Bird)*. Tula Belle, Robin MacDougall, Gertrude McCoy.
1940 : Etats-Unis. W. Lang, Shirley Temple, Johnny Russell, Gale Sondergaard.
1976 : Etats-Unis / Russie. G. Cukor *(The Blue Bird)*. Todd Lookinland, Patsy Kensit, Elizabeth Taylor, Jane Fonda, Ava Gardner, Nadiejda Pavlova, Oliègue Popov, Cicely Tyson, Margarité Tiériékhova, Guéorgui Vitsine.

CHOIX BIBLIOGRAPHIQUE

ŒUVRES DE MAETERLINCK

Théâtre complet. I. *La Princesse Maleine, L'Intruse, Les Aveugles.* II. *Pelléas et Mélisande, Alladine et Palomides, Intérieur, La Mort de Tintagiles.* III. *Aglavaine et Sélysette, Ariane et Barbe-Bleue, Sœur Béatrice,* Paris-Genève, Slatkine Reprints, 1979.

Pelléas et Mélisande, Bruxelles, Labor, 1983, coll. "Espace Nord", n° 2.

Les Fiançailles, féerie en cinq actes et onze tableaux, Paris, Fasquelle, 1922.

Poésie complète. Serres chaudes, Quinze Chansons, Neuf Chansons de la trentaine, Treize Chansons de l'âge mûr, édition définitive par Joseph Hanse, Bruxelles, La Renaissance du Livre, 1965.

Œuvres. Quinze Chansons, Les Aveugles, L'Intruse, Serres chaudes, Bruxelles, Jacques Antoine, Coll. "Passé Présent", 1980.

Serres chaudes, Quinze Chansons, La Princesse Maleine, Paris, Poésie / Gallimard, 1983.

Le Trésor des humbles, Bruxelles, Labor, coll. "Espace Nord", n° 30, 1986.

Le Cahier bleu, Texte établi par J. Wieland-Burston. Annales de la Fondation Maurice Maeterlinck, 1976.

Introduction à une psychologie des songes et autres écrits (1886-1896), Bruxelles, Labor, coll. "Archives du Futur", 1985.

La Vie des abeilles, Paris, Fasquelle, 1969.

La Vie des termites, Paris, Fasquelle, 1969.

La Vie des fourmis, Paris, Fasquelle, 1969.
L'Intelligence des fleurs, éditions d'Aujourd'hui, coll. "Les Introuvables", 1977.

TRAVAUX CRITIQUES

C. Amiard-Chevrel, *Le Théâtre artistique de Moscou (1898-1917)*, Ed. du CNRS, 1979.
C. Amiard-Chevrel, "Stanislavski et l'Occident. En marge de «L'Oiseau bleu» et de «Hamlet»", in *Revue d'Histoire du Théâtre,* 1978, n° 1, p. 71-81.
P. Gorceix, *Les Affinités allemandes dans l'œuvre de Maurice Maeterlinck,* Paris, Presses Universitaires de France, 1975.
P. Gorceix, "*L'Oiseau bleu,* «Märchen» initiatique de Maurice Maeterlinck, in *Annales Maurice Maeterlinck,* t. XVII, 1971, p. 7-32.
J. Hanse et R. Vivier, *Maurice Maeterlinck 1862-1962,* Bruxelles, La Renaissance du Livre, 1962.
I. Soloviova, "*L'Oiseau bleu* de Maeterlinck sur la scène russe", in *Annales Maurice Maeterlinck,* t. II, 1956, p. 37-40.
C. Stanislavski, "*L'Oiseau bleu* au Théâtre artistique de Moscou", in *Le Mercure de France*, 15 juin 1907, p. 756-762.
C. Stanislavski, *Ma vie dans l'art*, Lausanne, L'Age d'Homme, 1980.
M. Otten (éd.), "Centenaire du Symbolisme en Belgique", in *Les Lettres Romanes,* 1986, n° 3-4.

TABLE

Achevé d'imprimer
en avril 1989
par l'Imprimerie Bussière,
à Saint-Amand-Montrond,
pour le compte des éditions
ACTES SUD et LABOR

Dépôt légal : mai 1989
Impr. n° 7900

Dans la même collection

1. LA FIN DU MONDE
Jacques Audiberti

2. LE PERCE-OREILLE DU LUXEMBOURG
André Baillon

3. BARABBAS
ESCURIAL
Michel de Ghelderode

4. LA COMTESSE DES DIGUES
Marie Gevers

5. LE REGARD DE LA MÉMOIRE
Jean Hugo

6. BETHSABÉE
Torgny Lindgren

7. L'OISEAU BLEU
Maurice Maeterlinck

8. TERRE D'ASILE
Pierre Mertens

9. L'ANNÉE DE L'AMOUR
Paul Nizon

10. LE GRAND NOCTURNE
LES CERCLES DE L'ÉPOUVANTE
Jean Ray

11. BRUGES-LA-MORTE
Georges Rodenbach

12. LE BOURGMESTRE DE FURNES
Georges Simenon